Peter Girth
Individualität und Zufall im Urheberrecht

Schriftenreihe der UFITA Heft 48

Archiv für Urheber-, Film-, Funk- und Theaterrecht

Herausgegeben von Dr. jur. Georg Roeber, München

Individualität und Zufall im Urheberrecht

von

Dr. jur. Peter Girth
Olmütz

1974

J. Schweitzer Verlag · Berlin

ISBN 3 8059 0370 7

Satz und Druck: Georg Wagner, Nördlingen, Buchbinder: Wübben, Berlin.

Inhaltsverzeichnis

Literaturverzeichnis

Adler, Irvin, So denken Maschinen, Wiesbaden 1962

Adorno, Theodor W., „Neue Tempi" (1930) in Moment musicaux, S. 74 ff., Frankfurt 1964

- Philosophie der neuen Musik, Frankfurt 1958

Ahlberg, Hartwieg, Rechtsverhältnisse zwischen Komponisten und Textdichter, Diss. Hamburg 1968

Arndt, Die Kunst im Recht, NJW 1966, S. 26 ff.

Axster, H. und O., Die Urheberschutzfähigkeit von Rechenprogrammen, Der Betriebsberater 1967, S. 606 ff.

Bappert, Walter, Wege zum Urheberrecht, Frankfurt 1962

Becker-Bender, Walter, Das Urheberpersönlichkeitsrecht im musikalischen Urheberrecht, Rechtswissenschaftliche Abhandlungen, Heidelberg 1940

Benjamin, Walter, Das Kunstwerk im Zeitalter seiner technischen Reproduzierbarkeit, Frankfurt 1972

Blume, Friedrich, „Was ist Musik?", Musikalische Zeitfragen, Band V, Kassel und Basel 1959

Boden, Rudolf, Über die Unzulänglichkeit des Leistungsschutzes der ausübenden Künstler, GRUR 1968, S. 537 ff.

Bussmann-Pietzker-Kleine, Gewerblicher Rechtsschutz und Urheberrecht, 3. Aufl., Berlin 1962

McCarthy, John, „Information" in Information, Computer und künstliche Intelligenz, Frankfurt 1967, S. 13 ff.

Copland, Aaron, „Improvisation" in Komponisten über Musik, München 1959, S. 471 ff.

Curjel, Cage oder das wohlpräparierte Klavier, Melos 1955, S. 97 ff.

- Der Brandmeister, Melos 1959, S. 70 ff.

Dittrich, R., Das österreichische Verlagsrecht, Wien 1969

Evans, David C., „Schaltungslogik und Speicher digitaler Rechenanlagen" in Information, Computer und künstliche Intelligenz, Frankfurt 1967, S. 29 ff.

Fabiani, Mario, Sind Apparate geistige Schöpfer?, GRUR Ausl. 1965, S. 422 ff.

- Der rechtliche Schutz am musikalischen Werk, schöpferische Elemente, Bearbeitungen, Elektronische Musik, Schriftenreihe der InterGU Band 37, Berlin und Frankfurt 1965, S. 81 ff.

Fellerer, Karl Gustav, Bearbeitung und Elektronik als musikalisches Problem im Urheberrecht, Schriftenreihe der InterGU Band 37, Berlin und Frankfurt 1965, S. 5 ff.

Fromm, Friedrich Karl, Der Apparat als geistiger Schöpfer, GRUR 1964, S. 304 ff.

Fromm-Nordemann, Urheberrecht, Kommentar, 2. Aufl., Stuttgart-Berlin-Köln-Mainz 1970

Fuchs, Walter R., Informationstheorie und Kybernetik, Knaurs Buch der Denkmaschinen, München und Zürich 1968

Furler, Hans, Das Geschmacksmustergesetz, Köln-Berlin-Bonn- München 1966

v. Gamm, Otto-Friedrich Freiherr, Urheberrechtsgesetz, Kommentar, München 1968
- Geschmacksmustergesetz, Kommentar, München und Berlin 1966
Gentz, Günther, Elektronische Musik als Rechtsproblem, UFITA Band 34, 1961, S. 9 ff.
Gerstenberg, Ekkehard, Die Urheberrechte an Werken der Kunst, der Architektur und der Photographie, Kommentar, München 1968
- Moderne Kunst und Urheberrecht, Festschrift für Senatspräsident Wendel, München 1969
- Der Begriff des Kunstwerks in der bildenden Kunst, GRUR 1963, S. 245 ff.
Hammer, Hans, Die Melodie als Gegenstand des Schutzes nach § 13 II des Gesetzes betr. das Urheberrecht an Werken der Literatur und Tonkunst, Diss. Greifswald 1918
Hanser-Strecker, Carl Peter, Das Plagiat in der Musik, Diss. Frankfurt 1968
von Hartlieb, Horst, Die Freiheit der Kunst und das Sittengesetz, UFITA Band 51 (1968) S. 5 ff. = Schriftenreihe der UFITA Heft 33
Heim, Elmar, Die statistische Einmaligkeit im Urheberrecht de lege lata und de lege ferenda, Diss. Freiburg/Schweiz 1971
Heiss, Hermann, Zufall und Gestaltung - Material und Qualität, Melos 1959, S. 216 ff.
Hiller, Jüngste Entwicklungen auf dem Gebiet der Computermusik, Darmstädter Beiträge zur Neuen Musik VIII
Hirsch Ballin, E. D., Zufallsmusik, UFITA Band 50, S. 843 ff.
- Urheberrecht am Scheideweg, Schriftenreihe der InterGU Band 25, S. 14 ff.
Hubmann, Heinrich, Urheber- und Verlagsrecht, 2. Aufl., München und Berlin 1966
- Das Recht des schöpferischen Geistes. Eine philosophisch-juristische Betrachtung zur Urheberrechtsreform, Berlin 1954
Judd, F. C., Elektronische Musik, München 1965
Kaegi, Werner, Was ist elektronische Musik, Zürich 1967
- Die Anwendung der Elektronik in der Musik, Der Elektroniker 1970 Nr. 6, S. 325 ff.
Kant, Immanuel, Kritik der reinen Vernunft, Leipzig 1913
Knap, Karel, Urheberrechtliche Fragen auf dem Gebiet der elektronischen Musik, UFITA Bd. 64 (1972) S. 53 ff.
Köhler, R., Der urheberrechtliche Schutz der Rechenprogramme, München 1968
Koestler, Arthur, Der göttliche Funke. Der schöpferische Akt in Kunst und Wissenschaft, Bern–München–Wien 1966
Kohler, Josef, Das Urheberrecht an Schriftwerken und Verlagsrecht, Stuttgart 1907
Krause, Rainer, Kreativität. Untersuchungen zu einem problematischen Konzept, München 1972
Kummer, Max, Das urheberrechtlich schützbare Werk, Abhandlungen zum Schweizerischen Recht Band 384, Bern 1968
Lombardi, Luca, Über kollektive Komposition, Melos 1971, S. 292 f.
Lutoslawski, Witold, Über das Element des Zufalls in der Musik, Melos 1969, S. 457 ff.
Malec, Musique Concrète 1948–1968, Melos 1969, S. 53

Meyer-Eppler, Werner, Statistische und psychologische Klangprobleme, Die Reihe Heft 1, S. 22 ff.
Meyers, Handbuch der Musik, Mannheim 1961
Möhring, Philipp, Können technische, insbesondere Computer-Erzeugnisse Werke der Literatur, Musik und Malerei sein? UFITA Band 50 (1967) S. 835 ff.
– Die Schutzfähigkeit von Programmen für Datenverarbeitungsmaschinen, GRUR 1967, S. 269 ff.
Möhring-Nicolini, Urheberrechtsgesetz, Kommentar, Berlin und Frankfurt 1970
Moser, H., Vergleichende Literaturuntersuchung hinsichtlich der Schutzfähigkeit von Rechenprogrammen für Datenverarbeitungsmaschinen, GRUR 1967, S. 639 ff.
Neumeyer, Fredrik, Zum Schutz von Rechenprogrammen im schwedischen Recht, GRUR Ausl. 1966, S. 417 ff.
Nicolini, Käte, Die Neuheit im Geschmacksmusterrecht, GRUR 1963, S. 407 ff.
Nipperdey, Hans Carl, Der Leistungsschutz des ausübenden Künstlers, Schriftenreihe der InterGU Band 10, Berlin und Frankfurt 1959
Nono, Luigi, Geschichte und Gegenwart in der Musik von heute, Darmstädter Beiträge zur Neuen Musik III, S. 41 ff.
Öhlschlegel, Helmut, Sollen und können Rechenprogramme geschützt werden?, GRUR 1965, S. 465 ff.
Overath, Johannes, Urheber und Interpret in der Musik, Schriftenreihe der InterGU Band 11, S. 40 ff.
Palandt, Bürgerliches Gesetzbuch, Kommentar, 32. Aufl., München 1973
Pedrazzini, Mario M., Gedanken zur Neuheit, Schriftenreihe der UFITA Heft 29, S. 230 ff. Baden-Baden 1965
Prieberg, Fred K., Musica ex machina, Frankfurt und Berlin 1960
– Musik des technischen Zeitalters, Zürich und Freiburg i. Br. 1956
v. Rauscher auf Weeg, Hans Hugo Ritter und Edler, Das musikalische Urheberrecht und der Schutz von Werkteilen. Ein Beitrag zu den Grundlagen des Urheberrechts im Hinblick auf die bevorstehende Urheberrechtsreform, Diss. Heidelberg 1955
Rintelen, Max, Urheberrecht und Urhebervertragsrecht nach österreichischem, deutschem und schweizerischem Recht, Wien 1958
Roeber, Georg, Urheberrecht oder geistiges Eigentum, Schriftenreihe der UFITA Heft 1, Baden-Baden 1956
Runge, Kurt, Urheber- und Verlagsrecht, Bonn–Hannover–Stuttgart 1948/1953
Samson, Benvenuto, Das neue Urheberrecht, Schriftenreihe der UFITA Heft 32, Baden-Baden 1966
– Die moderne Kunst, die Computer-„Kunst" und das Urheberrecht, UFITA Band 56 (1970) München 1970
Schmieder, Hans-Heinrich, Ist die ‚Kleine Münze' des Urheberrechts nach dem neuen Gesetz ungültig?, GRUR 1968, S. 79 ff.
– Geistige Schöpfung als Auswahl und Bekenntnis. Neue Thesen zum urheberrechtlichen Werkbegriff im Hinblick auf maschinelle Kunstprodukte, UFITA Band 52 (1969) S. 107 ff.

Schopenhauer, Arthur, Die Welt als Wille und Vorstellung, Zweites Buch, Leipzig 1905
Schramm, Carl, Die schöpferische Leistung, Berlin und Köln 1957
- Grundlagenforschung auf dem Gebiete des gewerblichen Rechtsschutzes und Urheberrechts, Berlin und Köln 1954
Schulze, Erich, Urheberrecht in der Musik, Berlin und New York 1972
- Hrsg., Rechtsprechung zum Urheberrecht, Entscheidungssammlung mit Anmerkungen, zitiert Schulze BGHZ, OLGZ und RGZ
Skaupy, W., Zur Schutzfähigkeit von elektronischen Rechenprogrammen, Der Betriebsberater 1967, S. 945 ff.
Spengler, Albrecht, Praktische Probleme des Urheberrechts: Zur Bekämpfung von Plagiaten, Der Betrieb 1949, S. 129
Stephan, Rudolf, Neue Musik, Göttingen 1958
Stockhausen, Karlheinz, Elektronische Musik und instrumentale Musik, Die Reihe Heft 5
- Musik und Graphik, Darmstädter Beiträge zur Neuen Musik III
Strachey, Christopher, „Problemanalyse und Programmierung" in Information, Computer und künstliche Intelligenz, Frankfurt 1967, S. 69 ff.
Stuckenschmidt, H. H., Die dritte Epoche, Bemerkungen zu Ästhetik der Elektronenmusik, Die Reihe Heft 1, S. 17 ff.
Thurman, R. V., Der Rechtsschutz von Computerprogrammen in den USA, GRUR Ausl. 1969, S. 207 ff.
Troller, Alois, Immaterialgüterrecht Band I, 2. Aufl., Basel–Stuttgart 1968
- Urheberrecht und Ontologie, UFITA Band 50 (1967) S. 385 ff.
- Überall gültige Prinzipien der Rechtswissenschaft, Frankfurt und Berin 1965
- Rezensionsabhandlung betreffend Dittrich (Das österreichische Verlagsrecht), Mitteilungen 1969, S. 205
Ulmer, Eugen, Urheber- und Verlagsrecht, 2. Aufl., Berlin-Göttingen-Heidelberg 1960
- Der urheberrechtliche Werkbegriff und die moderne Kunst, Rezensionsabhandlung betreffend Kummer (Das urheberrechtlich schützbare Werk), GRUR 1968. S. 527 ff.
Voigtländer-Elster-Kleine, Urheberrecht, Kommentar, Berlin 1952
Zuckerkandl, Victor, Vom musikalischen Denken, Zürich 1964

Nachtrag:

Larese, Wolfgang, Unterwegs zu einem neuen schweizerischen Urheberrechtsgesetz, UFITA Band 65 (1972) S. 21 ff.
Pedrazzini, Mario M., Zur Revision des schweizerischen Urheberrechts, Film und Recht Nr. 2/1973. S. 67 ff.
Troller, Alois, Vorentwurf der Expertenkommission für ein schweizerisches Bundesgesetz betreffend das Urheberrecht, Die leitenden Ideen, Schriftenreihe der InterGU, Band 48, München 1972
Weissthanner, Margot, Urheberrechtliche Probleme Neuer Musik, Diss. München 1973, noch nicht veröffentlicht, erscheint demnächst in den Urheberrechtlichen Abhandlungen des Max-Planck-Instituts für ausländisches und internationales Patent-, Urheber- und Wettbewerbsrecht, München

Verzeichnis der Abkürzungen und Zeitschriften

BGH	Bundesgerichtshof
BGHZ	Entscheidungen des Bundesgerichtshofs in Zivilsachen (Band und Seite)
BT.-Drucksache	Bundestagsdrucksache
BVerwGE	Entscheidungen des Bundesverwaltungsgerichts (Band und Seite)
GRUR	Gewerblicher Rechtsschutz und Urheberrecht, Zeitschrift der Deutschen Vereinigung für gewerblichen Rechtsschutz und Urheberrecht, Weinheim-Bergstraße
GRUR Ausl.	GRUR Auslandsteil
h.A.	herrschende Ansicht
InterGU	Internationale Gesellschaft für Urheberrecht e. V.
KUG	Gesetz betreffend das Urheberrecht an Werken der bildenden Künste und der Photographie vom 9. Januar 1907, RGBl. 7, BGBl. III 4 Nr. 440–3
LUG	Gesetz betreffend das Urheberrecht an Werken der Literatur und der Tonkunst vom 19. Juni 1901, RGBl. 227, BGBl. III 4 Nr. 440–1
Melos	Zeitschrift für neue Musik, Mainz
Mitteilungen	Schweizerische Mitteilungen über gewerblichen Rechtsschutz und Urheberrecht, Zürich
NJW	Neue Juristische Wochenschrift, München und Frankfurt/Main
OLG	Oberlandesgericht (mit Ortsnamen)
OLGZ	Schulze OLGZ = Rechtsprechung der Oberlandesgerichte zum Urheberrecht
OVG	Oberverwaltungsgericht
PatG	Patentgesetz
RG	Reichsgericht
RGZ	Entscheidungen des Reichsgerichts in Zivilsachen
RGSt	Entscheidungen des Reichsgerichts in Strafsachen
UFITA	Archiv für Urheber-, Film- Funk- und Theaterrecht, Baden-Baden
UG	Gesetz über Urheberrecht und verwandte Schutzrechte vom 9. September 1965 BGBl. I S. 1273

Prof. Dr. Benvenuto Samson

gewidmet

Vielerlei Hinweise, Anregungen und Gespräche haben meine Arbeit gefördert. Ich danke dafür den Herren Prof. Dr. B. *Samson* (Frankfurt am Main), Prof. Dr. M. *Rehbinder* und Dr. W. *Larese* (Zürich), Prof. Dr. L. *Finscher* (Frankfurt am Main), G. M. *Koenig* und W. *Kaegi* (Institut für Sonologie, Utrecht), K. H. *Stockhausen* (Köln), Dr. W. *Brennecke* (WDR Köln) und Dr. W. *Vogelsang* (Polydor International, Hamburg).

Wir waren kompliziert genug, die Maschine zu bauen, und wir sind zu primitiv, uns von ihr bedienen zu lassen.
Karl Kraus

Vorbemerkung

Die für jedes Urheberrecht grundsätzliche Frage, unter welchen Voraussetzungen das Urheberrecht als subjektives Recht entsteht, hat der deutsche Gesetzgeber eindeutig beantwortet: das subjektive Urheberrecht entsteht, wenn ein Werk gemäß § 2 UG vorliegt. „Werke im Sinne dieses Gesetzes sind nur persönliche geistige Schöpfungen (§ 2 Abs. 2 UG)." Der Gesetzgeber hat insoweit berücksichtigt, was bereits vor Erlaß des Gesetzes in Rechtsprechung und Rechtslehre unter dem Begriff „Werk" verstanden wurde.

Die Revolution der modernen Kunst auf allen Gebieten, insbesondere der Musik, verlangt jedoch eine Nachprüfung des urheberrechtlichen Werkbegriffs. Dies ist der Gegenstand der vorliegenden Arbeit, die zugleich eine Auseinandersetzung mit Max *Kummers* „Das urheberrechtlich schützbare Werk" enthält, dessen Thesen, wie es scheint, die überkommene Werkauffassung erschüttert haben.

Im ersten Kapitel wird der allgemeine Werkbegriff nach geltendem Recht den von *Kummer* neu eingeführten Kategorien gegenübergestellt. Der Musikwerkbegriff ist Gegenstand des zweiten Kapitels; das zeitgenössische Musikschaffen wird insoweit berücksichtigt, als die Verwendung aleatorischer (lat. alea = Würfel) Verfahrensweisen urheberrechtliche Fragen aufwirft. Im dritten Kapitel werden Probleme behandelt, die sich für das Urheberrecht zum einen aus dem Einbruch der Elektroakustik in die Musik (Elektronische Musik), zum anderen daraus ergeben, daß der Computer am Vorgang der Werkschöpfung beteiligt ist.

Die Vereinbarkeit der im Anschluß an *Kummer* vertretenen Werkauffassung mit dem geltenden deutschen Urheberrecht wird im vierten Kapitel geprüft, das im übrigen Überlegungen de lege ferenda enthält.

Es war nicht beabsichtigt, historische oder rechtsvergleichende Untersuchungen anzustellen, soweit sie nicht sachlich geboten oder für ein besseres Verständnis unumgänglich erschienen.

1. Kapitel: Der urheberrechtliche Werkbegriff im allgemeinen

A. Der überkommene allgemeine Werkbegriff

I. Der allgemeine Werkbegriff in der Gesetzgebung (§ 2 UG)

Gemäß § 2 Abs. 1 UG sind ganz allgemein die Werke der Literatur, Wissenschaft und Kunst urheberrechtlich geschützt. Die genannte Vorschrift enthält – im Unterschied zu dem bis dahin geltenden Recht[1] –lediglich eine beispielhafte („insbesondere"), nicht abschließende Aufzählung einzelner Werkarten. Der Gesetzgeber bezweckte damit, auch neue, zukünftige Werkarten dem Schutz des Gesetzes zu unterstellen[2].
Keine Änderung des bisherigen Rechtszustandes war dagegen mit der in § 2 Abs. 2 UG getroffenen Bestimmung beabsichtigt, wonach unter Werken im Sinne des Gesetzes „nur persönliche geistige Schöpfungen" zu verstehen sind[3]. Eine wesentliche materiellrechtliche Änderung ist insoweit auch tatsächlich nicht eingetreten[4].
Die in § 2 Abs. 2 UG also enthaltene Legaldefinition des allgemeinen Werkbegriffs betrifft ausweislich der Materialien zum UG Erzeugnisse, „die durch ihren Inhalt oder durch ihre Form oder durch die Verbindung von Form und Inhalt etwas Neues und Eigentümliches darstellen"[5]. Diese knappe Stellungnahme des Gesetzgebers ist an sich unzureichend und kann wohl nur so verstanden werden, daß den in Rechtsprechung und Rechtslehre entwickelten materiellen Schutzvoraussetzungen vorbehaltlos zugestimmt wird. Um welche Voraussetzungen es sich dabei im einzelnen handelt, wird noch darzustellen sein (vgl. nachfolgende Ausführungen II. und III.).
Den Materialien ist insoweit lediglich noch zu entnehmen, daß die geschützten Werke nur deswegen nicht als „Schöpfungen eigentümlicher

---

[1] LUG und KUG.
[2] BT.-Drucksache IV/270 S. 37, 1. Sp.
[3] BT.-Drucksache, aaO. S. 38, 1. Sp.
[4] *v. Gamm*, § 2 Rdz. 2; a. A. *Samson*, S. 12 ff., *Fromm-Nordemann*, § 2 Anm. 6 u. a. betr. den Urheberrechtsschutz der sog. „Kleinen Münze".
[5] BT.-Drucksache, aaO.

Prägung" definiert worden sind, damit das Erfordernis der individuellen Form nicht zu sehr betont werde[6]. Die Gründe für diese Zurückhaltung sind nicht ergiebig und bedürfen daher keiner Erörterung. Worauf es in diesem Zusammenhang aber ankommt, ist die Feststellung, daß nach dem erkennbaren Willen des Gesetzgebers auch die Individualität als Schutzvoraussetzung in § 2 Abs. 2 UG selbstverständlich mitenthalten ist.
Ob die Individualität eines Werkes auch dessen Neuheit voraussetzt, ist in § 2 Abs. 2 UG ebensowenig zum Ausdruck gelangt. Es wird darauf noch später einzugehen sein (vgl. nachfolgende Ausführungen III.1.c).
Der allgemeine Werkbegriff gemäß § 2 Abs. 2 UG bedeutet nach dem Gesagten insbesondere für die Rechtsanwendung keinen wesentlichen Fortschritt. Mangels einer umfassenden Beschreibung dessen, was ein urheberrechtsschutzfähiges Werk ist, sind Rechtsprechung und Rechtslehre nach wie vor dazu berufen, den Begriff des urheberrechtlich schützbaren Werkes zu definieren. Die Entscheidung im Einzelfall wird also weniger durch bloße Subsumtion, als vielmehr durch Auslegung des Gesetzes zu gewinnen sein. *Ulmer* hat in diesem Zusammenhang auf die Gefahr hingewiesen, „daß die Praxis zu rasch den Urheberrechtsschutz Erzeugnissen zuerkennt, die nicht als Werke im urheberrechtlichen Sinn geschützt werden können"[7]. Welche Werke aber sind das?

II. Der allgemeine Werkbegriff in der Rechtsprechung

Die Rechtsprechung hat terminologisch zwar uneinheitlich, in der Sache aber übereinstimmend verschiedene materielle Schutzvoraussetzungen aufgestellt:

1. Der geistige Gehalt des Werkes

Der Werkcharakter wird zunächst durch einen dem Werk eigenen geistigen Gehalt begründet. Je nachdem, um welche Werkart es sich handelt, kann der geistige Gehalt eines Werkes als dessen „geistiger Gedankeninhalt"[8], „ästhetischer Gehalt"[9] oder „ästhetischer Ausdruck"[10] näher um-

---

[6] BT.-Drucksache, aaO.
[7] *Ulmer*, S. 113.
[8] So bei Werken der Literatur und Wissenschaft, vgl. *v. Gamm*, § 2 Rdz. 5 m. w. N.
[9] So bei Werken der bildenen und angewandten Kunst, vgl. *v. Gamm*, aaO.
[10] So bei Werken der Musik, vgl. *v. Gamm*, aaO.

schrieben werden. Erforderlich ist in jedem Fall, daß er ohne zusätzliche, außerhalb der Gestaltung liegende Lehren oder Anweisungen sowie ohne Bezugnahme auf Vorarbeiten zum Ausdruck kommt[11].

2. Die Formgestaltung

Die Konkretisierung des geistigen, geistig-ästhetischen Gehalts in einer bestimmten, Dritten sinnlich wahrnehmbaren Formgestaltung ist als weitere Voraussetzung urheberrechtlichen Schutzes unerläßlich. Dabei wird eine einheitliche konkrete Formgestaltung, das heißt ein einheitliches, zusammengehöriges Werk verlangt[12].

Ohne Bedeutung insoweit ist aber die Art der Formgestaltung, die Werkart, in der die Gestaltung äußerlich erscheint. Insbesondere bedarf es keiner verkörperten Gestaltung, sofern die betreffende Werkart ihrem Wesen nach eine Verkörperung nicht voraussetzt (so etwa Schriftwerke gemäß § 2 Abs. 1 Ziff. 4 und 7 UG)[13].

Auch auf die Vollendung eines Werkes kommt es nicht an, jedoch muß schon in dem jeweils vorhandenen Werkteil ein geistiger Gehalt konkretisiert sein[14].

3. Die persönliche geistige Schöpfung

Der Begriff der persönlichen geistigen Schöpfung als solcher war vor Inkrafttreten des Urheberrechtsgesetzes nicht gebräuchlich[15]. Die Rechtsprechung verwendete aber insbesondere im Bereich des Literatur- und Kunsturheberrechts[16] inhaltsgleiche Begriffe wie „eigenpersönliche

[11] RGZ 143, 412 ff., 417; BGHZ 39, 306 ff., 308, 309 = UFITA Bd. 40 (1963) S. 177 ff., 178 f. (Rechenschieber).

[12] RGZ 139, 214 ff., 220 (Türdrücker); BGHZ 5, 1 ff., 4 (Hummelfiguren I) = Schulze BGHZ 7, 3 f.; BGH in UFITA Bd. 38 (1962) S. 340 ff. = GRUR 1963, 40 ff. (Straßen - gestern und morgen); UFITA Bd. 28 (1959) S. 352, 356 = Schulze OLGZ 47, 8 (Gebrauchsgraphik).

[13] RGZ 13, 413 ff., 420; 136, 377 ff., 382; BGHZ 37, 1 ff., 7 = UFITA Bd. 37 (1962) S. 308 ff., 312 f., BGH in UFITA Bd. 38 (1962) S. 340 ff. = GRUR 1963, 40 ff. (Straßen - gestern und morgen).

[14] BGHZ 9, 237 ff., 241 (Gaunerroman); 9, 262 ff., 265 (Schwanenbilder); BGH in UFITA Bd. 38 (1962), aaO. = GRUR 1963, aaO.

[15] Erstmals vorgeschlagen in § 1 Abs. 1 Satz 2 des Referentenentwurfs in Referentenentwürfe zur Urheberrechtsreform, veröffentlicht durch das Bundesjustizministerium, Bonn 1954, S. 7.

[16] Auch im Bereich des Geschmackmusterrechts, vgl. *Nicolini* in GRUR 1963, 407 ff., 412.

Schöpfung"[17], „eigenpersönliche, geistige Schöpfung"[18], „individuelle geistige Schöpfung"[19], „individuelle schöpferische Leistung"[20], „eigenschöpferische Leistung"[21], „eigenartige schöpferische Leistung"[22], „eigenpersönliche geistige Tätigkeit"[23], „individuelle Geistestätigkeit"[24], „selbständige Geistestätigkeit"[25] und andere[26]. Die Begriffe sind untereinander beliebig austauschbar, sie bezeichnen stets dasselbe. Das Gleiche gilt für die zusätzlichen Umschreibungen wie individuelle Gestaltung", „individuelle Prägung", „eigentümliche Prägung", „schöpferische Eigenart" und andere[27].

Inhaltlich bedeuten diese Voraussetzungen folgendes:

Die erforderliche Werkgestaltung muß auf der eigenen Schaffenstätigkeit desjenigen beruhen, der das betreffende Urheberrecht als subjektives Recht in Anspruch nimmt[28]. „Persönlich" bedeutet aber nicht nur, daß der Urheber das Werk selbst geschaffen haben muß, sondern vor allem, daß das Werk „persönlich" im Sinne von individuell ist[29].

Anders ausgedrückt, die Werk- oder Formgestaltung muß von „schöpfeischer Eigenart" sein[30]. Sie muß – so bei den Werken der Kunst – „einen ästhetischen Überschuß bzw. ästhetischen Gehalt der schöpferischen Lei-

---

[17] RGZ 139, 214 ff., 219 (Türdrücker); BGHZ 5, 1 ff., 3 (Hummelfiguren I); UFITA Bd. 26 (1958) S. 220 = Schulze BGHZ 57, 4 (Mecki-Igel I).

[18] Schulze RGZ 9, 5; BGH in UFITA Bd. 43 (1964) S. 156 = GRUR 1965, 45 ff., 47 (Stadtplan); UFITA Bd. 50 (1967) S. 1033 = GRUR 1967, 262 (Barockputten).

[19] RGSt 43, 330; OLG Hamburg in GRUR 1972, 430 f.

[20] UFITA Bd. 51 (1968) S. 375 = Schulze OLGZ 80, 1 ff., 3 (Mini-Car).

[21] RG in UFITA 1941, 388 f.; Schulze BGHZ 169, 6 (Vasenleuchter).

[22] RGZ 117, 230 ff., 234.

[23] BGHZ 18, 319 = UFITA Bd. 21 (1956) S. 77 (Bebauungsplan).

[24] RGZ 66, 227 ff., 230; 81, 120; UFITA Bd. 36 (1962) S. 229 = GRUR 1962, 51 (Zahlenlotto).

[25] RGZ 66, aaO.

[26] Vgl. *Möhring-Nicolini*, § 2 Anm. 10a; *Nicolini* in GRUR 1963, aaO.; *Schramm*, S. 106.

[27] *Möhring-Nicolini*, aaO.

[28] BGH in UFITA Bd. 32 (1960) S. 195 = GRUR 1960, 199 f. (Tofifa).

[29] In diesem Sinne hat die Rechtsprechung schon vor Erlaß des UG nur solchen Werken Urheberrechtsschutz gewährt, die den individuellen Geist ihrer Urheber ausdrücken, vgl. u. a. BGHZ 9, 267 (Schwanenbilder); UFITA Bd. 30 (1960) S. 193 = Schulze BGHZ 55, 12 (Gasparone); UFITA Bd. 26 (1958) S. 220 = Schulze 57, 5 (Mecki-Igel I). Vgl. auch Anm. 3.

[30] So bei Werken der Literatur, vgl. *v. Gamm*, § 2 Rdz. 14.

stung von einem solchen Rang besitzen, daß nach der im Leben herrschenden Anschauung der gebildeten, mit Kunstanschauungen einigermaßen vertrauten und für künstlerische Dinge empfänglichen Volkskreise noch von Kunst gesprochen werden kann"[31]. Dabei geht es um den Gesamteindruck, den die konkrete Formgestaltung vermittelt. Infolgedessen kann das betreffende Werk nicht bezüglich seiner Einzelelemente, sondern nur in einer auf die Gesamtwirkung abgestellten Betrachtungsweise mit vorbestehenden Gestaltungen verglichen werden.
Eine Neuheitsprüfung enthält dieser Vergleich nicht (vgl. nachfolgende Ausführungen III.1.c)[32], wenngleich die Rechtsprechung diese Frage nicht eindeutig beantwortet[33]. Auf jeden Fall muß es sich um die Verwirklichung eigener Vorstellungen handeln. Die bloße Nachbildung bereits vorhandener Werke ist daher keine Werkgestaltung im eigentlichen Sinn[34]. Das Gleiche gilt im Falle bloßer Nachahmung gemeinfreier Werke oder Naturerscheinungen[35]. Der Mangel der Verwirklichung eigener Vorstellungen

---

[31] RGZ 76, 339 ff., 344; 155, 199 ff., 202; BGHZ 5, 1 ff., 3 f. (Hummelfiguren I); 16, 4 ff., 6 = UFITA Bd. 20 (1955) S. 122 ff., 124 (Zwischenmeister); 22, 209 ff., 215 = UFITA Bd. 23 (1957) S. 207 ff., 211 (Europapost); 24, 55 ff., 62 = UFITA Bd. 24 (1957) S. 226 ff., 231 f. (Ledigenheim); 27, 351 ff., 356 = UFITA Bd. 26 (1958) S. 235 ff., 238 (Candida); UFITA Bd. 28 (1959) S. 352 ff., 356 f. = Schulze OLGZ 47, 8 f. (Gebrauchsgraphik). Zur vernichtenden Kritik des Begriffs „ästhetischer Überschuß", „als terminus technicus ebenso barbarisch wie unbrauchbar", vgl. *Gerstenberg* in GRUR 1963, 245 ff., 247; ergänzend *Gerstenberg*, § 2 Anm. 5; vgl. auch die kritischen Äußerungen bei *Troller*, S. 468 f.

[32] RGZ 155, 199; BGHZ 18, 319 ff., 322 = UFITA Bd. 21 (1956) S. 77 ff., 78 (Bebauungsplan); BGH in UFITA Bd. 36 (1962) S. 229 = GRUR 1962, 51 f. (Zahlenlotto); BGHZ 35, 341 = UFITA Bd. 36 (1962) S. 369 (Buntstreifensatin).

[33] In BGHZ 27, 351 ff. = UFITA Bd. 26 (1958) S. 235 ff. (Candida) wird offensichtlich objektive Neuheit verlangt; mißverständlich zuletzt OLG Koblenz in UFITA Bd. 50 (1967) S. 1033 = GRUR 1967, 262 (Barockputten); ähnlich in der Lehre *Gerstenberg* § 2 Anm. 17: „Eine Schöpfung ist etwas Neues, noch nicht Dagewesenes."

[34] BGH in UFITA Bd. 25 (1958) S. 445 ff., 449 = GRUR 1958, 402 ff., 404 (Lili Marleen); UFITA Bd. 26 (1958) S. 220 ff. = Schulze BGHZ 57, 1 ff. (Mecki-Igel I); BGH in GRUR 1961, 581 ff., 584 (Hummelfiguren II); UFITA Bd. 43 (1964) S. 156 ff., 159 = BGH in GRUR 1965, 45 ff., 47 (Stadtplan).

[35] Betr. gemeinfreie Werke vgl. BGHZ 44, 288 ff., 293 = UFITA Bd. 47 (1966) S. 258 ff., 261 (Apfel-Madonna); OLG Koblenz in UFITA Bd. 50 (1967) S. 1033 = GRUR 1967, 262 Barockputten); betr. Naturerscheinungen vgl. RGZ 72, 162 ff., 165 (Kirschenmuster); 135; 385 ff., 388, 391 (Künstliche Blumen); BGH in UFITA Bd. 53 (1969) S. 298, 301 = NJW 1967, 723 f. (skai-cubana).

schadet also nicht nur dann, wenn ein fremdes Urheberrecht verletzt wird, sondern immer.
Die persönliche geistige Schöpfung als solche muß schließlich im Werk selbst zum Ausdruck kommen, das heißt eine geistige Tätigkeit, die aus dem Werk nicht erkennbar ist, hat unbeachtet zu bleiben. Es kommt daher nicht darauf an, ob der Werkgestaltung individuelle Überlegungen oder sonstige geistige Leistungen vorausgegangen sind[36].

4. Der Bereich der Literatur, Wissenschaft und Kunst (§ 2 Abs. 1 UG)

Die Voraussetzung gemäß § 2 Abs. 1 UG, wonach nur Werke der Literatur, Wissenschaft und Kunst urheberrechtsschutzfähig sind, hat die Rechtsprechung bislang vor keine besonderen Probleme gestellt (vgl. Ausführungen unten, 2. Kap. A.II.), zumal sich der Rechtszustand auch insoweit gegenüber dem früheren Recht nicht geändert hat[37].

5. Zusammenfassung

Die so aufgestellten materiellen Schutzvoraussetzungen können für den allgemeinen Werkbegriff wie folgt zusammengefaßt werden:
Eigene Schaffenstätigkeit und Vorstellungen müssen den Urheber zu einer Formgestaltung führen, die als schöpferisch-eigentümlich bezeichnet und als solche zu den Werken der Literatur, Wissenschaft oder Kunst gezählt werden kann.

III. Der allgemeine Werkbegriff in der Rechtslehre

1. Das Werk als Ergebnis menschlichen Schaffens

Die Rechtslehre hat sich in Ermangelung einschlägiger gesetzlicher Bestimmungen stets eingehend mit dem urheberrechtlichen Werkbegriff befaßt. Die Definitionsversuche der *älteren* Lehre können allerdings unberücksichtigt bleiben, da die aktuelle Problematik – wie eingangs angedeutet – im Vordergrund der Betrachtung steht. Demgemäß beschränkt

---

[36] BGH in UFITA Bd. 28 (1959) S. 208, 211 = GRUR 1959, 251 f. (Einheitsfahrschein); BGH in GRUR 1961, 85 ff., 88 (Pfiffikusdose); OLG Hamburg in GRUR 1972, 430 f. (Mini-Spione).

[37] Der Bereich entspricht der bisherigen enumerativen Aufzählung im LUG und KUG.

sich die folgende Darstellung auf die Rechtslehre nach dem etwa gegenwärtigen Stand ihrer Erkenntnis.

a) *Die phänomenologische Betrachtungsweise Trollers*[38]

Eine analysierende Begriffsbestimmung des urheberrechtsschutzfähigen Werkes findet sich u. a. bei *Troller*[39].

Troller verwendet als Oberbegriff für die Werke der Literatur und Kunst den Begriff des „ästhetischen Werkes" und versteht darunter eine „geschaffene, geistige, sinnlich mitteilbare Vorstellung eines Erlebnisses oder einer Erkenntnis, wobei diese Erkenntnis unmittelbar sinnlich erfaßt wird und unsern Schönheitssinn angeht"[40]. *Troller* grenzt so die Werke der Literatur und Kunst – aber auch die der Wissenschaft[41] – von den sog. „Verstandeswerken" ab, die Mitteilungen enthalten und nur über den Umweg der verstandesmäßigen Überlegung erfaßt werden können[42].

Den Ausgangspunkt der Trollerschen Lehre bilden die philosophisch-kunstwissenschaftlichen Arbeiten *Nicolai Hartmanns*, auf die sich *Troller* ausdrücklich beruft[43]. *Troller* übernimmt allerdings nicht die Begriffe, sondern nur die phänomenologische Arbeitsmethode und die Wesensschau aus *Hartmanns* „Ästhetik"[44]. Zu dieser Wesensschau gehört insbesondere die Erkenntnis, daß eine Werkanalyse ohne den aufnehmenden Akt des Betrachtens nicht vorgenommen werden kann.

Der Begriff des Ästhetischen besagt in diesem Zusammenhang nicht mehr und nicht weniger, als daß das Werk – im Gegensatz zum intellektuellen Erfassen – sinnlich wahrnehmbar ist, wobei die Sinne aber nicht nur die Erscheinung als solche vermitteln, sondern zugleich ein „Schauen zweiter

---

[38] „Die Phänomenologie ist die Lehre von den Erscheinungen, von dem sich zeigenden Seienden." „Der Phänomenologe geht darauf aus, nur die Erscheinung rein zu sehen, die er als Forschungsobjekt ... isoliert und von den anderen Bewußtseinsinhalten abgrenzt, um an ihr und durch sie ihr Wesen zu erkennen." Vgl. *Troller*, Prinzipien, S. 32 und 47.

[39] *Troller*, S. 425 ff., eine analysierende Begriffsbestimmung versucht auch *Schramm*, S. 178.

[40] *Troller*, S. 60 und 428.

[41] *Troller*, S. 423 ff.; Werke der Literatur und Kunst sind für Troller – im Gegensatz zur Terminologie des deutschen UG – der Oberbegriff, unter den sich die wissenschaftlichen Werke unterordnen lassen.

[42] *Troller*, Urheberrecht und Ontologie, S. 407 und *Troller*, Prinzipien, S. 227 ff.

[43] Nicolai *Hartmann*, Ästhetik, Berlin 1953; vgl. *Troller*, S. 425 ff.

[44] *Troller*, S. 428, Anm. 43.

Ordnung" anregen. Dabei handelt es sich nicht um „Intuition im Sinne einer höheren Erkenntnisstufe" oder „Reflexion". Gemeint ist vielmehr das, was die Sinne nicht direkt fassen können: „an einer Landschaft etwa das Moment der Stimmung, an einem Menschen das der seelischen Haltung, an einer sich abspielenden Szene das des Konflikts"[45]. Damit ist also keine subjektive gefühlsmäßige Wertung verbunden[46]. Die diesbezügliche Kritik *Ulmers* u. a. erscheint unbegründet[47].

Für die urheberrechtliche Schutzfähigkeit eines ästhetischen Werkes verlangt *Troller* lediglich dessen Originalität. „Die Originalität des Werkes ist seine unentbehrliche Eigenschaft"[48]. Originell ist nach *Troller* insoweit alles, was im Geiste des Urhebers seinen Ursprung hat.

Wesentlich ist – und das ist ein Ausfluß der phänomenologischen Betrachtungsweise – daß die Originalität im Werk selbst, „einzig und allein an der geformten Materie, an der äußeren Form" offenbar wird[49].

Im übrigen stellt *Troller* klar, daß es eine qualifizierte Originalität nicht gibt. Er wendet sich gegen jede zusätzliche Bezeichnung einer Geistesschöpfung als individuell, eigenpersönlich, eigentümlich oder dergleichen[50]. Streng sprachlich genommen sei auch die besondere Kennzeichnung einer Geistesschöpfung als originell überflüssig. „Das Werk ist eine

---

[45] *Troller*, S. 436.

[46] Anders nach allgemeinem Sprachgebrauch, der das Ansprechende oder Geschmackvolle als „ästhetisch" bezeichnet; in diesem Sinne etwa *Schramm*, S. 94 f. Dagegen hat bereits *Kant*, Transzendentale Elementarlehre erster Teil, Die transzendentale Ästhetik, N. 1 festgestellt: „Die Deutschen sind die einzigen, welche sich des Wortes Ästhetik bedienen, um dadurch das zu bezeichnen, was andre Kritik des Geschmacks heißen."

[47] *Ulmer*, S. 108, *Troller* bevorzuge „anstelle einer von normativen Erwägungen geleiteten Begriffsbildung einen vorgefaßten, aus anderen Wissensbereichen übernommenen Begriff der ästhetischen Werke". *Ahlberg*, S. 76 hat die Bedeutung des Ästhetischen bei Troller offensichtlich verkannt.

[48] *Troller*, S. 448. Hier nimmt Troller erstmals Bezug auf das Problem der unter Zuhilfenahme von „Apparaten" hervorgebrachten Gebilde als geistige Schöpfungen, enthält sich aber einer Stellungnahme, aaO., Anm. 68; vgl. auch *Troller*, Vorwort; vgl. aber Anm. 136 unten.

[49] *Troller*, S. 467. Im Gegensatz zur „äußeren Form" wird unter der inneren Form „nicht die Form der Sprache, sondern Form der Ideenfolge, Ideengruppierung und Ideenbewegung ... überhaupt die individuelle Besonderheit der psychischen Mechanik" verstanden, vgl. *Kohler*, S. 168, auf den die Trennung zwischen innerer und äußerer Form zurückgeht.

[50] *Troller*, S. 466.

Schöpfung und als solche ein originelles Geistesprodukt seines Urhebers"[51].

b) Die nominalistische Betrachtungsweise Ulmers[52]

Im Gegensatz zu *Troller* verzichtet *Ulmer* auf eine eigentliche Begriffsbestimmung des urheberrechtlich schützbaren Werkes. Er begnügt sich – in Übereinstimmung mit der Judikatur – mit der Aufklärung der maßgeblichen Schutzvoraussetzungen. Dabei betont er das Merkmal der Individualität des Werkes und bezeichnet damit das Gleiche, was *Troller* die Originalität des Werkes nennt[53].
Ulmer unterscheidet sich von *Troller* unter anderem aber darin, daß er durchaus eine *qualifizierte* Individualität anerkennt. „Am stärksten ist die Individualität, wenn das Werk den Stempel der Persönlichkeit des Urhebers trägt"[54]. Und nur in diesen Fällen spricht *Ulmer* von Werken als „Schöpfungen eigenpersönlicher Prägung", wenngleich er diesen Grad von Individualität nicht zur notwendigen Voraussetzung urheberrechtlichen Schutzes erhebt. Unter ausdrücklicher Bezugnahme auf Wörterbücher, Landkarten und „ähnliche stoffgebundene Werke" genügt es ihm, wenn „trotz der Stoffgebundenheit Spielraum für das individuelle Schaffen bleibt"[55]. Verlangt wird allerdings daß sich die künstlerische oder literarische Leistung von allem abhebt, was in der Masse aufgeht oder auf bloßer Schablone beruht[56].
Nach *Ulmer* beruht die Individualität des Werkes – wiederum im Gegensatz zu *Troller* – nicht auf der „äußeren" Formgebung allein[57], sondern auf dem literarischen und künstlerischen Schaffen im ganzen. Die schöp-

---

[51] *Troller*, S. 467 .
[52] *Ulmer, S. 114 ff.* Die nominalistische Betrachtungsweise bestimmt im Hinblick auf das erstrebte Ergebnis die geschützten Erzeugnisse normativ. Zur Kritik Trollers an Ulmer bzw. der nominalistischen Betrachtungsweise vgl. *Troller*, S. 428, Anm. 43 (vgl. Anm. 44 oben).
[53] Die Originalität im Sinne Trollers betont den Ursprung des Werkes im Geiste des Urhebers (vgl. Ausführungen oben III. 1. a), während der von Ulmer vorgeschlagene Begriff der Individualität die Selbständigkeit des Werkes hervorhebt, vgl. *Troller*, S. 466.
[54] *Ulmer*, S. 110.
[55] dto.; die qualifizierte Individualität im Sinne Ulmers ist urheberrechtlich also bedeutungslos, sie könnte ohne weiteres fallen gelassen werden.
[56] *Ulmer*, S. 116.
[57] Vgl. Anm. 49 oben .

ferische Leistung kann sich also sowohl in der Form als auch im Inhalt offenbaren[58]. *Ulmer* befindet sich damit in Übereinstimmung mit der Judikatur bzw. dem geltenden deutschen Urheberrecht. Im übrigen zeigt er sich darin als Überwinder der älteren deutschen Rechtslehre, derzufolge Werke nur in der Form, nicht aber im Inhalt zu schützen waren[59].
Unmittelbare Auswirkungen hat diese Auffassung *Ulmers* für die Frage, welche Elemente des Werkes zum literarischen und künstlerischen Gemeingut zu zählen sind. Zum Gemeingut gehören nach *Ulmer* vor allem die Stoffe und Gegenstände, die dem Urheber durch die Natur, die Geschichte, die literarische oder künstlerische Überlieferung vorgegeben sind. Dagegen ist beispielsweise im Bereiche der Literatur die Fabel, die auf der Phantasie des Autors beruht, urheberrechtsschutzfähig[60]. Ihre Zugehörigkeit zum Werkinhalt bzw. zur sog. „inneren" Form läßt sie nicht etwa schutzlos.
Hierin liegt nun der wesentliche Unterschied zwischen den bisher dargestellten Ansichten: *Troller* – auf der Grundlage der phänomenologischen Methode – kann zur Ermittlung der Originalität eines Werkes nicht auf dessen Inhalt, „innere" Form oder gar dessen Rang im Vergleich zu Alltäglichem, auch nicht etwa auf die davor liegende Arbeitsleistung des Urhebers zurückgreifen. *Ulmer* dagegen – als Vertreter der nominalistischen Betrachtungsweise – berücksichtigt auch die geistige Leistung, die geistige Tätigkeit, auf der das Werk beruht. „Der Schwerpunkt der geistigen Leistung kann dabei auf den Eingebungen der Phantasie, auf der Entwicklung und Logik der Gedankenführung oder auf der Darstellung, der Auswahl oder Anordnung liegen"[61].

c) Die übrige Rechtslehre

Ein Blick auf die Rechtslehre im übrigen ergibt, daß – soweit es um den allgemeinen Werkbegriff geht – keine grundsätzlich verschiedenen Ansichten vertreten werden[62].
So ist nach *Bußmann-Pietzker-Kleine* ein Werk das Ergebnis einer schöpferischen Geistestätigkeit, in dem die Individualität seines Schöpfers zum

---

[58] *Ulmer*, S. 109.
[59] *Ulmer*, S. 105 ff., 107. Vgl. Anm. 49 oben.
[60] *Ulmer*, S. 107.
[61] *Ulmer*, S. 116.
[62] Vgl. aber nachfolgende Ausführungen III. 2.

Ausdruck gelangt. Das Werk müsse zwar nicht eine persönliche Note in dem Sinne aufweisen, daß sie gerade ein Charakteristikum des betreffenden Autors sei, entscheidend sei aber, daß das Werk individuell ist und sich demgemäß von den übrigen vergleichbaren Schöpfungen abhebt[63].
Auch *Hubmann* setzt die Individualität als wesentlichste Werkeigenschaft voraus. Für ihn ist das Erordernis der „persönlichen geistigen Schöpfung" gemäß § 2 Abs. 2 UG gleichbedeutend mit der Notwendigkeit, daß ein Werk individuell sei[64].
Gerstenberg verlangt in Anlehnung an *Ulmer*, daß die eigenpersönliche schöpferische Leistung des Urhebers das Handwerkliche und Alltägliche überragt. Er bezeichnet diese Notwendigkeit als die „künstlerische Gestaltungshöhe" eines Werkes[65]. Darüber hinaus müsse ein schutzfähiges Werk „Ausdruck der künstlerischen Persönlichkeit" seines Urhebers sein. Damit meint *Gerstenberg* – unter Berufung auf die „Väter des Kunstschutzgesetzes von 1907" – den Ausdruck der Persönlichkeit des Urhebers im Werk[66]. Eine Schöpfung habe den künstlerischen Willen des Schöpfers zu offenbaren[67].
Das Gleiche verlangen *Fromm-Nordemann*, wo es unter anderem heißt, daß die Schöpfung von der Persönlichkeit ihres Urhebers geprägt sein, das heißt „seine Handschrift, seinen persönlichen Stil, sein Temperament erkennen lassen" müsse[68]. Gleichzeitig werden aber sehr geringe Anforderungen an diese Art Selbstverwirklichung des Urhebers im Werk gestellt: es soll genügen, wenn sich sagen läßt, daß ein anderer den selben Gegenstand möglicherweise anders behandelt hätte[69]. Damit nähern sich *Fromm-Nordemann* der von *Hubmann* vertretenen Auffassung, daß ein Werk „eine Ausdrucksform des individuellen Geistes" sei, das Werk aber „nicht den Stempel der Persönlichkeit" des Urhebers an sich tragen müsse.[70] Im gleichen Sinne wird letztlich auch die Ansicht *Gerstenbergs* zu interpretieren sein.

---

[63] *Bußmann- Pietzker-Kleine*, S. 335.
[64] *Hubmann*, S. 84 f.
[65] *Gerstenberg*, § 2 Anm. 4 und 5.
[66] „Der Künstler muß es verstehen, seine Persönlichkeit in seine Arbeit hineinzulegen", Reichstagsdrucksache, zitiert nach Gerstenberg § 2 Anm. 16. Vgl. auch *Voigtländer-Elster-Kleine*, § 1 II 1a.
[67] *Gerstenberg*, aaO.
[68] *Fromm-Nordemann*, § 2 Anm. 5b.
[69] dto.
[70] *Hubmann*, aaO.; ebenso *Bußmann-Pietzker-Kleine*, aaO.

Übereinstimmend wird auch *unvollendeten* Schöpfungen Urheberrechtsschutzfähigkeit im Grundsatz zuerkannt, sofern die übrigen allgemeinen Schutzvoraussetzungen gegeben sind[71].

Zu der Frage, ob die Individualität eines Werkes nicht auch dessen *Neuheit* voraussetzt, verhält sich die Rechtslehre dagegen uneinheitlich. Unter Neuheit kann objektive oder subjektive Neuheit verstanden werden. Darüberhinaus kennt das Urheberrecht noch den Begriff der relativen Neuheit[72].

Objektiv neu ist ein Werk, das bisher nicht vorhanden war. Auch hier kommt es – wie bei der Ermittlung der schöpferischen Eigenart – nicht auf die einzelnen Elemente des Werkes, sondern auf einen Gesamtvergleich mit vorbestehenden Gestaltungen an. Es ist nicht erforderlich, daß es sich um etwas völlig Neues handelt. Entscheidend ist, daß das Werk als Ganzes neu und in diesem Sinne einmalig ist[73].

Ein *subjektiv* neues Werk dagegen ist zwar bereits vorhanden, gleichwohl ist die vorbestehende Gestaltung nicht nachgebildet, sondern selbständig geschaffen worden[74].

Schließlich ist auch im Falle der sog. *relativen* Neuheit ein Werk zwar vorhanden, im maßgebenden Kulturkreis aber unbekannt[75]. Eine selbständige Bedeutung kommt der relativen Neuheit derzeit nicht zu[76] (vgl. aber nachfolgende Ausführungen B.II.1.e).

Nach *Hubmann* ist die Neuheit als Schutzkriterium grundsätzlich ungeeignet[77]. *Ulmer* beschränkt sich auf die Feststellung, daß die Erfordernisse der Neuheit und Eigentümlichkeit dasselbe besagen, nämlich daß eine selbständige und ihrem Wesen nach schöpferische Leistung vorliegen muß[78].

---

71 Vgl. *v. Gamm,* § 2 Rdz. 9; *Ulmer,* S. 114, h. A.

72 Die absolute Neuheit spielt im Patentrecht, nicht im Immaterialgüterrecht, eine Rolle, vgl. *Troller,* S. 225.

73 *Fromm-Nordemann,* § 2 Anm. 3.

74 *v. Gamm,* Geschmacksmustergesetz § 1 Anm. 27; *Bußmann-Pietzker-Kleine,* S. 455.

75 *Bußmann-Pietzker-Kleine, aaO.;* die relative Neuheit wird lediglich als Unterfall der objektiven bzw. subjektiven Neuheit angesehen, vgl. *Furler,* S. 29; *Ulmer,* S. 418.

76 Vgl. *Hanser-Strecker,* S. 50 m. w. N.

77 *Hubmann,* S. 35.

78 *Ulmer,* aaO.

Objektive Neuheit verlangen in der neueren Lehre lediglich *Spengler,*[79] *Runge,*[80] *Pedrazzini*[81] und *Schmieder.*[82]
Überwiegend wird die subjektive Neuheit eines Werkes – m. E. zu Recht – für ausreichend gehalten[83]. Wenn sie als Schutzvoraussetzung nicht ausdrücklich erwähnt wird, so nur deshalb, weil die erforderliche Individualität eines Werkes dessen (subjektive) Neuheit bedingt[84].

2. Das Werk als Erzeugnis des Zufalls und des Automaten

a) Die grundsätzliche Ablehnung urheberrechtlichen Schutzes

Den Erzeugnissen von Automaten wird die notwendige Individualität und somit der urheberrechtliche Schutz grundsätzlich abgesprochen. Die Benutzung außerhalb der menschlichen Geistes- und Schaffenstätigkeit liegender Mittel allein reiche nicht aus[85]. Selbst die leistungsfähigsten elektronischen Datenverarbeitungsanlagen könnten das „künstlerisch Schöpferische“, das allein Gegenstand des urheberrechtlichen Schutzes sei, nicht ersetzen[86]. Bei den sog. *Computer-Kunstwerken* handele es sich um Erzeugnisse, deren Originalität „vorgespiegelt“ sei[87]. „Wahre Originalität“ wurzele nur im Schöpfertum, und dieses sei immer „ein Widerschein der Eindrücke und Gefühle des Menschen“[88]. Die Datenverarbeitung besitze keinen eigenen Geist und keine eigene Intuition; ihre scheinbare Intuition sei ihr durch das Programm vorgegeben[89]. Ebenso verhalte

---

[79] *Spengler* in Der Betrieb 1949, 129.
[80] *Runge,* S. 32 unter Berufung auf Voigtländer-Elster.
[81] *Pedrazzini,* Schriftenreihe der UFITA Heft 29, S. 234 ff.
[82] *Schmieder* in UFITA Bd. 52 (1969) S. 107 ff., 113.
[83] *Fromm-Nordemann,* § 2 Anm. 3; *v. Gamm,* § 2 Anm. 15; *Möhring-Nicolini,* § 2 Anm. 10d; *Troller,* S. 471; vgl. auch nachfolgende Anm. 84).
[84] *Samson* in UFITA Bd. 56 (1970) S. 128; ähnlich *Troller,* aaO.; ebenso *Bußmann-Pietzker-Kleine,* aaO.
[85] *v. Gamm,* § 2 Rdz. 13; *Samson* in UFITA, aaO. unternimmt den Versuch, zwischen den Erzeugnissen von Maschinen im allgemeinen und denen des Computers im besonderen zu unterscheiden.
[86] *Schulze,* S. 83 f.; *Schramm,* S. 55 f.
[87] *Fabiani* in GRUR 1965, 424.
[88] dto.
[89] *Samson* in UFITA, aaO. S. 141; Samson sieht im Gegensatz zu Fabiani aber in der Erstellung des Programms eine urheberrechtlich relevante schöpferische Leistung.

es sich bei der Benutzung eines Zufallsgenerators (vgl. Ausführungen unten, 3. Kap. C.I.2 und II.2.). Die dabei allenfalls noch möglichen ungefähren Vorstellungen des Programmierers über die zu erwartende Gestaltung des Erzeugnisses reichten nicht aus, diesem den Stempel seiner Schöpferpersönlichkeit aufzuprägen[90].

Reine, nicht bewußt geschaffene *Zufallsergebnisse* seien urheberrechtlich nicht schutzfähig, weil sie ebenso wie die Erzeugnisse des Automaten keine geistigen Schöpfungen seien; dazu fehle es an einer eigentlichen geistigen Leistung[91]. „Echte Kunstwerke" verdankten ihre Entstehung nicht dem Zufall, sondern dem Zutun ihrer Urheber[92].

Eine schöpferische Leistung verkörperten die Erzeugnisse des Automaten aber dann, wenn ein zusätzlicher geistig-ästhetischer Gehalt erkennbar werde, „sei es durch schöpferische Abweichungen oder Zutaten oder durch eine schöpferische Anordnung oder Formung"[93]. Auf jeden Fall müßten auch sie Ausdruck der Persönlichkeit ihres Schöpfers sein[94]. Im übrigen werde die urheberrechtliche Schutzfähigkeit eines Werkes nicht dadurch beeinträchtigt, daß sich der Mensch des Automaten bedient, „um seine persönlichen Gedanken und Gefühle auszudrücken"[95]. Nur müsse derjenige, der die Maschine programmiert oder steuert, die Gestaltung des Erzeugnisses in den wesentlichen Elementen selbst bestimmen[96]. Hierzu bemerkt *Samson* zu Recht, daß es sich um Fälle handelt, die weder für die Praxis noch in der Theorie interessant sind. Denn wenn das Ergebnis durch das Programm genau determiniert ist, „spielt der Computer keine andere Rolle als der Pinsel in der Hand des Malers oder der Federhalter, mit dem der Komponist die Partitur oder der Dichter das Gedicht schreibt"[97]. Die Zugeständnisse der Lehre bedeuten daher keine echten Ausnahmen von der grundsätzlich verfochtenen Schutzlosigkeit betreffend die Erzeugnisse des Zufalls und des Automaten.

---

[90] *Möhring-Nicolini*, § 2 Anm. 4; *Möhring* in UFITA Bd. 50 (1967) S. 835 ff., 841; *Hirsch Ballin* in UFITA, aaO. S. 843 ff.

[91] *v. Gamm*, § 2 Rdz. 13; *Fromm-Nordemann*, § 2 Anm. 4.

[92] *Gerstenberg*, Einleitung, S. 43 f.

[93] *v. Gamm*, aaO.

[94] *Möhring-Nicolini*, aaO.

[95] *Hubmann*, S. 84.

[96] *Möhring-Nicolini*, aaO.; *Möhring*, aaO. S. 839 f.

[97] *Samson* in UFITA, aaO. S. 140.

b) *Die grundsätzliche Anerkennung urheberrechtlichen Schutzes durch Fromm*[98]

Ohne die oben dargestellten Vorbehalte der Rechtslehre hat sich als einer der ersten *Fromm* für die grundsätzliche Urheberrechtsschutzfähigkeit von Erzeugnissen der „Maschinenkunst" ausgesprochen.
Zur Begründung hat sich *Fromm* vor allem auf den Grundsatz des Urheberrechts berufen, wonach die Zubilligung des Schutzes – im Gegensatz zum Patentschutz – von keiner qualitativen Bewertung des Werkes abhängig sein darf[99]. Dabei ist *Fromm* bereits – wie nach ihm *Kummer* – von der Erkenntnis ausgegangen, „daß sich die elektronisch komponierten, gemalten, gedichteten und übersetzten ‚Werke' in ihrer künstlerischen Form und Aussage von den vom bewußten Menschenhirn geschaffenen modernen Werken kaum unterscheiden lassen"[100]. Er erstreckt diese Feststellung auch auf die Erzeugnisse des Zufalls und bemerkt, daß das Recht diesen Erzeugnissen den Schutz nicht absprechen dürfe, „den es den gleichrangigen Werken der künstlerischen Kopfarbeit gewährt".
Samson wendet sich gegen dieses Argument mit dem Hinweis auf die zwischen Original und Plagiat oder Fälschung ebenfalls oft schwierige Unterscheidung[101]. Auch in diesen Fällen sei die etwa kaum unterscheidbare künstlerische Wirkung für die Zubilligung des Schutzes nicht ausschlaggebend. Dem wiederum sei entgegnet, daß es in diesen Fällen stets um die Frage der Verletzung eines fremden Urheberrechts geht. Wenn im Falle des Plagiats beispielsweise der Urheberrechtsschutz versagt wird, so ist dies eine Folge des Ausschließlichkeitscharakters des bereits am Originalwerk bestehenden subjektiven Urheberrechts eines Dritten. Und nur deshalb kommt es dann auf kaum unterscheidbare künstlerische Wirkungen nicht an. Dieser Fall verhält sich aber gegenüber den von *Fromm* angeführten Fällen wie die Ausnahme zur Regel[102]. Denn

---

[98] *Fromm* in GRUR 1964, 304 ff.

[99] Hiergegen wendet sich *Samson*, weil die Frage, ob überhaupt ein Kunstwerk vorliegt, stets eine qualitative Bewertung verlange, UFITA, aaO. S. 143; ähnlich *Ulmer* in GRUR 1968, 529, der einen uneingeschränkten Verzicht auf Werturteile im Urheberrecht für unmöglich hält.

[100] *Fromm*, aaO. S. 305, 306.

[101] *Samson*, aaO.

[102] Man wird nicht sagen können, daß ein Computer-Erzeugnis grundsätzlich das bestehende subjektive Urheberrecht eines Dritten verletzt, wenngleich auch die Möglichkeit – als Ausnahme – nicht von der Hand zu weisen ist. Zwar be-

Fromm geht es ganz allgemein um die Voraussetzungen für die Schutzgewährung. Dabei ist die tatsächlich zunehmend schwierige Unterscheidung zwischen Werken von Menschenhand und solchen des Computers nicht zu bestreiten.
Fromm verzichtet im übrigen nicht auf die entstehungsmäßige Verbindung des Werkes zum Menschen, auch nicht auf die sonstigen, oben dargestellten materiellen Schutzvoraussetzungen. An die Produktion des Automaten werden somit keine geringeren Anforderungen gestellt als an die vergleichbaren Erzeugnisse des menschlichen Geistes.
Allerdings führen *Fromms* Vorschläge auf der Grundlage des geltenden Werkbegriffs zu keiner dogmatisch überzeugenden Lösung. Die nach wie vor erforderliche Individualität eines Werkes kann im Falle der „Maschinenkunst" nicht durch die lediglich äußerliche Übereinstimmung mit Werken herkömmlicher Art begründet werden. Dazu müßte der Begriff der Individualität eines Werkes von der Persönlichkeit seines Urhebers abgelöst werden.

IV. Stellungnahme

Die Darstellung des überkommenen allgemeinen Werkbegriffs im Urheberrecht zeigt, daß trotz der vorhandenen terminologischen Unterschiede – von den Computer-Erzeugnissen vorerst abgesehen – im wesentlichen Übereinstimmung herrscht. Selbst die verschiedenen Betrachtungsweisen wie etwa bei *Troller* auf der einen und *Ulmer* auf der anderen Seite führen zu keinen schwerwiegenden Gegensätzen. Betroffen ist lediglich die urheberrechtliche Beurteilung der sog. „Kleinen Münze", die bei *Troller* schutzlos ausgeht, wenn sie nicht in ihrer äußeren Darstellungsform originell ist, von *Ulmer* dagegen geschützt wird auf Grund der dahinterstehenden geistigen Leistung.
Soweit Rechtsprechung und Rechtslehre die Individualität eines Werkes als besondere Schutzvoraussetzung hervorheben, befinden sie sich in

steht – beispielsweise auf dem Gebiet der Musik – die theoretische Möglichkeit, daß ein Computer nach den Gesetzen der Wahrscheinlichkeitsrechnung auch solche Werke produziert, die bereits von anderen Komponisten geschaffen worden sind. Daß diese Theorie aber niemals praktische Bedeutung erlangen wird, ergibt sich bereits daraus, daß die „Komposition" einer vorhandenen Melodie von nur 32 Tönen beispielsweise mehrere Billionen Jahre in Anspruch nehmen würde. Vgl. dazu *Zuckerkandl*, S. 141; *Hiller*, Darmstädter Beiträge zur Neuen Musik VIII, S. 36.

Übereinstimmung mit § 2 Abs. 2 UG. Der Begriff der „persönlichen geistigen Schöpfung" betont zwar nicht das Erfordernis der individuellen Form, wie es die seinerzeit vorgeschlagene Wendung „Schöpfung eigentümlicher Prägung" zum Ausdruck gebracht hätte, inhaltlich besteht aber zwischen beiden Formulierungen kein Unterschied[103].

Worin sich Rechtsprechung und Lehre ebenfalls nicht unterscheiden, ist die Abhängigkeit der Individualität als Schutzvoraussetzung von der Höhe der Anforderungen, die an sie jeweils gestellt werden, wobei sich allerdings von der Notwendigkeit eines ästhetischen Schwellenwertes bis hin zu der Forderung nach künstlerischer Qualität mehr oder weniger große Abweichungen in der Beurteilung der Urheberrechtsschutzfähigkeit eines Werkes ergeben können. Dies ist auch der *Haupteinwand*, der gegen die Anwendung des überkommenen Werkbegriffs im Urheberrecht erhoben werden muß.

Die Individualität als wesentliches Schutzkriterium muß eindeutiger interpretiert werden als bisher, sie darf vor allem nicht dazu mißbraucht werden, vordergründige Abgrenzungen vorzunehmen, wie dies insbesondere im Zusammenhang mit den Erzeugnissen des Computers bisher der Fall ist. Daß es sich insoweit tatsächlich um vordergründige, möglicherweise auf einer falschen Fragestellung beruhende Abgrenzungsversuche handelt, wird noch näher zu begründen sein (vgl. nachfolgende Ausführungen B.I.1. und 3. Kap. B.).

Es kann davon ausgegangen werden, daß verschiedene Phänomene des zeitgenössischen Kunstschaffens – insbesondere die Computer-Erzeugnisse – nicht ohne weiteres mit dem Begriff der persönlichen geistigen Schöpfung im Sinne des überkommenen Werkbegriffes in Einklang zu bringen sind. Es mag dahinstehen, ob die insoweit aufgetretenen Unsicherheiten in der Beurteilung der Schutzfähigkeit darauf zurückgeführt werden müssen, daß der Gesetzgeber es versäumt hat, den Werkbegriff im Sinne des Urheberrechts vor Erlaß des Urheberrechtsgesetzes zu reflektieren. Es genügt hier die Feststellung, daß es sich bei dem überkommenen, vom Gesetzgeber lediglich akzeptierten Werkbegriff im Grunde um abstrakt formulierte, gemeinsame Eigenschaften „echter" Kunstwerke handelt[104]. Die Selbstverständlichkeit, mit der sich „echte"

---

[103] Vgl. Anm. 3) oben.

[104] Nach *Benjamin*, S. 13 ff. macht das Hier und Jetzt des Originals den Begriff seiner Echtheit aus. Der gesamte Bereich der Echtheit entziehe sich der – vor allem technischen – Reproduzierbarkeit. Ein „echtes" Kunstwerk kann also

Kunstwerke unter diesen Werkbegriff subsumieren lassen, ist weniger ein Beweis ihrer „Echtheit", als eine Bestätigung dafür, daß der überkommene Werkbegriff sich an der Kategorie dieser Werke orientiert hat. Bezeichnenderweise hatte der Gesetzgeber kein offenes Ohr für die Aufforderung *Fromms*, die sich vor allem aus der Automatisation für den Werkbegriff ergebenden Probleme noch vor Erlaß des Urheberrechtsgesetzes zu überdenken und gegebenenfalls zu berücksichtigen[105]. Und so haftet dem Begriff der persönlichen geistigen Schöpfung selbst eine Aura an, die – trotz aller Absagen an ästhetische Wertungen – identisch ist mit der „Echtheit", der „Einzigkeit" oder „dem Eingebettetsein eines Kunstwerkes in den Zusammenhang der Tradition"[106].
Die Schwierigkeiten in der Behandlung von Computer-Erzeugnissen nach dem geltenden Urheberrecht sind nicht zuletzt eine Folge dieses Werkverständnisses. Die Frage ist, ob etwa die Werkauffassung *Kummers*, die im folgenden dargestellt wird, diesen Problemen eher gerecht werden kann.

---

durchaus objektiv definiert werden; allerdings scheint die Lehre, soweit sie von dem Begriff der „Echtheit" Gebrauch macht, unter einem „echten" Kunstwerk etwas Subjektives, nämlich ein anerkanntes Kunstwerk zu verstehen.
Nun läßt sich im Anschluß an *Benjamin* wohl sagen, daß die technische Reproduzierbarkeit des Kunstwerks geradewegs zu seiner technischen Produzierbarkeit geführt hat. Beide Verfahren haben eines gemeinsam: sie setzen an die Stelle der Einzigkeit des Kunstwerks dessen massenweises Vorkommen. Und was infolge der technischen Reproduzierbarkeit zunächst ins Wanken geriet – nämlich „die Autorität der Sache" – beseitigt die technische Produzierbarkeit vollends. Daher wird auch ein objektiv definierbares „echtes" Kunstwerk dem Urheberrecht kaum nützlich sein.

105 *Fromm* in GRUR, aaO. S. 306 am Ende.

106 *Benjamin*, S. 19.

B. Der neue allgemeine Werkbegriff

I. Der Kummersche allgemeine Werkbegriff

1. Zur phänomenologischen Betrachtungsweise Kummers

Vorab ein kurzer Hinweis auf *Kummers* Arbeitsmethode und eine Stellungnahme hierzu.

Kummers Untersuchungen beruhen auf einer – allerdings unvollständigen – Phänomenologie[107]. Es besteht insoweit eine Übereinstimmung zwischen der *Kummer*schen und der *Troller*schen Betrachtungsweise (vgl. Ausführungen oben, A.III.1.a). Allerdings lehnt *Kummer* deren philosophische Grundlagen, insbesondere also die Schichtenlehre N. *Hartmanns* als eine künstliche Aufgliederung des Werkes in Form und Inhalt ab[108].

Für die phänomenologische Betrachtungsweise *Kummers* spricht von vorneherein die Notwendigkeit einer Bestandsaufnahme betreffend die Gegenstände, die der Gesetzgeber nicht einmal als potentielle Gegenstände des Urheberrechtsschutzes berücksichtigt hat. Gegen die nominalistische Methode ist in diesem Zusammenhang einzuwenden, daß sie Computer-Erzeugnisse auf Grund einer falschen Fragestellung vom Urheberrechtsschutz ausschließt. Die Frage lautet nicht, ob „Apparate" geistige Schöpfer sein können, sondern ob unter Zuhilfenahme von „Apparaten" geistige Schöpfungen hervorgebracht werden können. Die Frage kann auch nicht ohne weiteres – bei nominalistischer Betrachtungsweise – so gestellt werden, ob Computer-Erzeugnisse Werke im Sinne des Gesetzes bzw. des Urheberrechts sind. Zunächst einmal wäre die Vorfrage zu beantworten, ob die Einbeziehung des Computers in den Vorgang der Werkschöpfung nicht bereits den Gesamtcharakter des urheberrechtlichen Werkbegriffes verändert hat. Diese Frage kann m. E. nicht verneint werden angesichts der Tatsache, daß sich die Erzeugnisse des Automaten kaum noch oder überhaupt nicht mehr von Werken unterscheiden lassen, die in herkömmlicher Weise zustandegekommen sind. Selbst wenn man dazu die Ansicht vertritt, daß die mangelnde Unterscheidbarkeit für die Zubilligung des Urheberschutzes nicht ausschlaggebend ist, so kommt das Urheberrecht auch bei nominalistischer Betrachtungsweise nicht um-

---

[107] *Kummer*, S. 4.
[108] *Kummer*, S. 14 Anm. 17.

hin, diese Tatsache – und sei es im Rahmen der Vorfrage – zu berücksichtigen[109]. Solange sich das Urheberrecht auf der Grundlage nominalistischer Betrachtungsweise die genannte Vorfrage nicht stellt, bleibt die phänomenologische Methode die einzige, die den Realitäten des zeitgenössischen Kunstschaffens gerecht zu werden vermag.

2. Die materiellen Schutzvoraussetzungen, soweit sie mit der herrschenden Lehre übereinstimmen

Soweit *Kummer* mit der herrschenden Lehre übereinstimmt, handelt es sich um folgende materielle Schutzvoraussetzungen:
Das Werk muß „gedankliche Vorstellung" sein. Gemeint ist damit „die Art und Weise des Darstellens"[110].
Die gedankliche Vorstellung muß mitteilbar gemacht werden, das heißt sie muß derweise geäußert werden, daß ein anderer sie hören oder sehen kann[111]. Vollendung des Werkes wird ebenfalls nicht verlangt[112].
Das Werk darf nicht im Dienst eines bestimmten Zweckes stehen, „der es genau so und nicht anders ausfallen läßt"[113].
Das Werk muß schließlich Individualität besitzen, es darf somit weder Gemeingut noch bloßer Vollzug von Anweisungen sein. Der Bereich der Anweisung ist nach *Kummer* im Zweifel weit zu fassen (was für die Beurteilung der Urheberrechtsschutzfähigkeit von Computerprogrammen durch *Kummer* von entscheidender Bedeutung ist, vgl. Ausführungen unten, 3. Kap. C.III.3.b)[114].

---

[109] Vgl. *Samsons* Einwände gegenüber Fromm, Ausführungen oben, A.III.2.b.
[110] *Kummer*, S. 5 f.; entspricht dem geistigen Gehalt, vgl. dazu *Samson* in UFITA, aaO. S. 120 f.
[111] *Kummer*, S. 7 ff.; entspricht der Formgestaltung.
[112] *Kummer*, S. 77 f.
[113] *Kummer*, S. 70 ff.; zur Zweckbestimmung des Werkes vgl. *v. Gamm*, § 2 Rdz. 6 m. w. N.; *Samson* in UFITA, aaO. S. 122, wendet sich allerdings gegen den von Kummer apodiktisch vorgetragenen Satz, die Zweckfreiheit sei durchgehend Eigenschaft des urheberrechtlich Schützbaren. Dieser Satz kann wohl dahingehend verstanden werden, daß es auf die Zweckbestimmmung eines Werkes nicht ankommt, Zweckfreiheit also im Sinne von Freiheit, keinem oder irgendeinem Zweck zu dienen. Jedenfalls bleibt klarzustellen, daß der Zweck, dem sein Werk dient, nach einem allgemein anerkannten Grundsatz des Urheberrechts nicht zu beachten ist, vgl. *Troller*, S. 417.
[114] *Kummer*, S. 32 ff., 47 ff., 52 ff.

3. Die Individualität im Sinne Kummers

Die Individualität im Sinne *Kummers* kann nicht ohne weiteres unter diejenigen Schutzvoraussetzungen eingereiht werden, in denen *Kummer* mit der herrschenden Lehre übereinstimmt. Die Individualität im Sinne der herrschenden Lehre ist – wie bereits ausgeführt – von der Höhe der Anforderungen abhängig, die an sie gestellt werden. Es handelt sich dabei um eine nicht eindeutig bestimmte oder bestimmbare Voraussetzung, zumal dann, wenn – wie etwa von *Ulmer* – eine qualifizierte Individualität vertreten wird.

Dagegen hat *Kummer* vor allem dreierlei einzuwenden: zunächst ist es der Gedanke der Rechtssicherheit, sodann der Gesichtspunkt der Praktikabilität, insbesondere und schließlich aber die Absage des Urheberrechts an jedes ästhetische Werturteil[115].

Die Forderung eines ästhetischen Schwellenwertes sei bereits im Ansatz verfehlt. Die Individualität etwa im Sinne *Ulmers*, die ein Werk von der Masse der alltäglichen Gebilde abhebe, enthalte ein verstecktes Werturteil[116]. Auch mit dem Begriff der Originalität werde stets eine gewisse künstlerische Güte, letztlich also Qualität verlangt. Selbst wenn eine nicht unbedingt ausgeprägte Originalität für ausreichend angesehen werde, verbinde sich damit ein – wenn auch geringerer – Qualitätsanspruch. Der Begriff der Originalität decke sich insoweit mit dem Merkmal der Individualität.

Grundsätzlich besteht nach *Kummer* zwischen Individualität und Originalität folgendes Verhältnis: Individualität ist früher erreicht als Originalität; jedes originelle Werk ist zugleich auch individuell, aber nicht jedes individuelle Werk notwendigerweise auch originell.

Kummer wendet sich auch gegen das Adjektiv „schöpferisch" sowie gegen die Begriffe „schöpferische Leistung" und „geistige Schöpfung". Stets verstecke man dahinter eine ebenfalls mehr oder weniger hohe

---

[115] *Kummer*, S. 22 ff., 26; Kummer weist nach, daß u. a. Ulmer ästhetisch-künstlerische Wertungen in die urheberrechtliche Beurteilung mit einfließen läßt, S. 37 ff. Andere Autoren wie etwa *Gerstenberg*, § 2 Anm. 4 oder *Rintelen*, S. 48, 49, machen gar kein Hehl daraus, daß sie gewisse Qualitätsanforderungen stellen; desgleichen die Rechtsprechung, vgl. Schulze OLGZ 88, 11 (OLG Hamburg, Urt. v. 4. 4. 1968), der Schöpfungsbegriff enthalte insofern ein qualitatives Moment, als „nur der schöpferisch tätig ist, der etwas Besonderes, aus der Masse alltäglicher Werke Herausragendes" schaffe.

[116] *Kummer*, S. 31 ff., 35 f.

Qualitätsanforderung, wobei allerdings das Wort „schöpferisch" im neueren Schrifttum so etwas wie eine „Inflation" durchmache[117]. Um es urheberrechtlich brauchbar zu machen, müsse es ebenso wie das Merkmal der Originalität auf die Bedeutung „schlichter Individualität" zurückgestutzt werden.
Unter „schlichter Individualität" versteht *Kummer* das Einmalige. „Individuell heißt einmalig, heißt anders sein"[118]. Die Einmaligkeit bezeichnet daher nicht die Einzigartigkeit eines Kunstwerkes, sondern – beispielsweise – die schlichte Einmaligkeit der Wortfolge irgendeines Textes. Gemeint ist damit die Individualität im Sinne der „statistischen Einmaligkeit".

a) Individualität und statistische Einmaligkeit

Kummers Individualität bedeutet also „statistische Einmaligkeit". Während aber zur Begründung einer neuen statistischen Einmaligkeit im Sinne der Statistik als methodischer Hilfswissenschaft bereits die Veränderung eines einzigen Elements ausreicht, wird eine solche Veränderung zu einer neuen Individualität im Sinne *Kummers* nur ausnahmsweise führen. Auch für *Kummer* kann eine bloß zählende Beurteilung nicht das letzte Wort haben. Ob die Versetzung eines einzigen Elements genüge, um eine neue Individualität zu erzeugen, hänge in erster Linie von der Größe der Elementzahl ab[119]. Zwar beziehen sich diese Ausführungen *Kummers* auf die „Individualität kraft Auswahl" (vgl. nachfolgende Ausführungen d), allerdings ist nach *Kummer* letztlich jede Individualität darauf zurückzuführen, „daß aus einer Menge von Einzelelementen einzelne ausgewählt und zusammengefügt oder daß zumindest Entscheidungen („Auswahlen") für die Anordnung getroffen werden"[120].
Also ist jedes individuelle Werk im Sinne *Kummers* zugleich auch statistisch einmalig, aber nicht jedes statistisch einmalige Erzeugnis notwendigerweise auch individuell.
Individualität im Sinne *Kummers* und statistische Einmaligkeit sind folglich durchaus verschiedene Größen. Sie stehen im gleichen Abhängigkeitsverhältnis wie – nach *Kummer* – Originalität und Individualität. Der syno-

---

[117] *Kummer*, S. 38 unter Berufung auf Hirsch Ballin.
[118] *Kummer*, S. 67; „Nach dem Individuellen fahnden heißt also nicht wägen, sondern vergleichen." *Kummer*, S. 30.
[119] *Kummer*, S. 45 mit weiteren Gründen.
[120] *Kummer*, S. 43.

nyme Gebrauch der beiden Begriffe würde eine unzulässige Vereinfachung der *Kummer*schen Theorie bedeuten.

b) Positive und negative Kriterien der Individualität

Die bisherigen Ausführungen haben ergeben, daß die Individualität im Sinne *Kummers* zwar „statistische Einmaligkeit" verlangt, daß aber nicht alles, was in diesem Sinne einmalig ist, als individuell bezeichnet werden kann. Die „statistische Einmaligkeit" ist also nur *ein* – wenn auch das wesentlichste – Kriterium für die Individualität im Sinne *Kummers*.

aa) „Statistische Einmaligkeit" im Sinne Kummers

Methodisch ließe sich die „statistische Einmaligkeit" auch als eine gemeinsame materielle Schutzvoraussetzung darstellen. Dafür spricht, daß sie als selbständige Größe unter die – nach *Kummer* – notwendigen Werkeigenschaften eingereiht werden kann. Dies wäre allerdings ein hier nicht angebrachter formaler Gesichtspunkt, da letztlich nicht die „statistische Einmaligkeit" über die Schutzfähigkeit eines Werkes entscheidet, sondern dessen Individualität. Umgekehrt könnte die bereits erwähnte negative Voraussetzung, wonach ein Werk nicht bloßer Vollzug einer Anweisung sein darf, *auch* als Kriterium der Individualität dargestellt werden. Insoweit stimmt *Kummer* aber mit dem Merkmal der Individualität im herkömmlichen Sinne überein. Das Gleiche gilt im Hinblick darauf, daß auch künstlerisches oder literarisches Gemeingut nicht individuell, also nicht schutzfähig sein kann. Auch dabei handelt es sich um Kriterien, die für die Auffassung *Kummers* nicht charakteristisch sind, so daß ihre Einreihung unter die gemeinsamen materiellen Schutzvoraussetzungen angezeigt scheint. Auf die „statistische Einmaligkeit" dagegen treffen diese Gesichtspunkte nicht zu.
Die statistische Einmaligkeit im Sinne *Kummers* bezeichnet weniger eine zählbare Größe, als vielmehr den ungefähren Weg, auf dem die Individualität eines Werkes zu ermitteln ist. Sie ist – darauf war bereits hinzuweisen – nicht etwa identisch mit der kleinsten Größe im Sinne der Statistik als einer methodischen Hilfswissenschaft. Daher kann eine bloß zählende Betrachtung nicht den Ausschlag geben.
Welcher Grad an Abweichung darüber entscheidet, ob eine neue Individualität im Sinne der „statistischen Einmaligkeit" erreicht ist, richtet sich nach der Verschiedenheit, die der „Normalbetrachter im Rahmen seiner natürlichen Optik" wahrnimmt. *Kummer* verlangt demgemäß eine „hand-

greifliche Individualität", die er in relativer Abhängigkeit von der Natur des Werkes sieht[121].

bb) Menschliche und mechanische Individualität[122]

Liegt also – abgesehen von den übrigen genannten Schutzvoraussetzungen – ein „statistisch einmaliges" Gebilde vor, dann soll es für die Schutzfähigkeit nicht erheblich sein, ob der Menschengeist, der Computer oder gar die Natur das „Werk" hervorgebracht hat. Die Individualität in diesem Sinne ist nicht mehr an den Menschen als Ursprung des Schöpferischen gebunden.

Kummer erhebt damit – in der Terminologie *Fromms* – den „Apparat zum geistigen Schöpfer" und schafft die dogmatische Grundlage durch sein Individualitätsverständnis, das eine „mechanische Individualität" anerkennt.

Soweit nicht die „Präsentation" als Kunstwerk für erforderlich gehalten wird (vgl. nachfolgende Ausführungen 4.), soll allein die „statistisch einmalige" Erscheinung des Werkes über die Zubilligung urheberrechtlichen Schutzes entscheiden.

Damit werden für *Kummer* grundsätzlich auch die sog. „objets trouvés" und „ready-mades" urheberrechtsschutzfähig[123].

Im Falle der „objets trouvés" ist rein tatsächlich keine entstehungsmäßige Verbindung des Werkes zum Menschen mehr gegeben, so daß *Kummer* insoweit über das hinausgeht, was *Fromm* an Konsequenzen bereits gezogen hat.

c) Individualität und „eigenartige Schöpfung"[124]

Das Verhältnis *Kummers* zu diesem herkömmlichen Schutzerfordernis ist unkompliziert. *Kummer* sieht lediglich folgende Alternative: entweder Schutz der Werke der Literatur und Kunst einschließlich derjenigen, die unsere Zeit hervorbringt, was den Verzicht auf die Forderung jeder Leistungshöhe voraussetzt oder den Schutz der „wahren" Kunstwerke unter

---

[121] *Kummer*, S. 67 ff.
[122] *Kummer*, S. 65 ff.
[123] *Kummer*, S. 103 ff.; die sog. „ready-mades" bieten allerdings keine urheberrechtlichen Probleme, da sie nichts weiter als die Anwendung eines Rezepts darstellen, dessen sich jeder bedienen kann; zu den sog. „objets trouvés vgl. Ausführungen 4.).
[124] *Kummer*, S. 36 ff.

Aufrechterhaltung einer bestimmten Leistungshöhe und damit Ausschluß weiter Teile des heutigen Kunstschaffens vom Urheberrechtsschutz.
Da *Kummer* sich für die erste Alterative entschieden hat, kann es für ihn nur eine Auslegung des Begriffs der „eigenartigen Schöpfung" geben: „eigenartige Schöpfung" heißt soviel wie Individualität im Sinne der statistischen Einmaligkeit.

d) Individualität kraft Auswahl und Anordnung[125]

Jede Individualität läßt sich nach *Kummer* darauf zurückführen, daß aus einer Menge von Einzelelementen einzelne ausgewählt und zusammengefügt werden. Die Einzelelemente, soweit sie als solche vorgegeben sind, können durch Auswahl oder Anordnung oder durch die Kombination beider zu einer neuen Individualität gelangen. Bei einem nahezu unbeschränkten Vorrat an Einzelelementen werde das Schwergewicht der geistigen Leistung auf der Auswahl liegen; im Falle eines beschränkten Gesamtvorrats von Einzelelementen bestehe die „Auswahl" nur noch in der Art und Weise des Zusammenfügens. Überwiegend sei die Auswahl der Einzelelemente im Verein mit deren Anordnung für die Erscheinung eines Werkes bestimmend.
An die Individualität kraft Auswahl und Anordnung stellt *Kummer* keine weiteren Anforderungen. Die Arbeit des Sammelns als solche sei bereits eine geistige Leistung, „denn es müssen Entscheidungen gefällt werden"[126]. Damit erhebt *Kummer* die Auswahl und Anordnung von Einzelelementen zu einem *durchgehenden* urheberrechtlichen Prinzip[127].

4. Die Präsentation als Werk[128]

Mit der Präsentation eines Erzeugnisses als Werk stellt *Kummer* eine dem Urheberrecht bisher unbekannte Schutzvoraussetzung auf. Ausgehend von der Feststellung, daß die moderne Kunst mitunter Erzeugnisse hervorbringt, die nicht ohne weiteres als Kunstwerke zu erkennen sind (z. B. wahllos hingeschleuderte Farbklekse als Bild, Plastik aus verschrottetem Eisen oder Flaschenständer, Zahlengedichte usw.), hält es *Kummer* für

---

[125] *Kummer*, S. 43 ff.
[126] *Kummer*, S. 47.
[127] Die herrschende Lehre unterscheidet sich von *Kummer* insoweit darin, daß Auswahl und Anordnung als solche noch keine geistige Leistung darstellen, vgl. nachfolgende Ausführungen II.1.c).
[128] *Kummer*, S. 75 ff.

notwendig, daß der Autor durch besondere Vorkehrungen zu erkennen gibt, daß das, was er vorlegt, ein Werk der Kunst sein soll (Präsentation).

Besondere Bedeutung mißt *Kummer* der Präsentation bei, wenn es sich um Computer-Erzeugnisse oder besagte „objets trouvés" handelt[129].

So hält *Kummer* beispielsweise die im Wald aufgefundene Föhrenwurzel, die die Illusion einer Tänzerin hervorruft, für urheberrechtlich schützbar, sofern sie als Kunstwerk präsentiert wird. Die von der Natur insoweit vorgegebene Form sei individuell, weil eine hohe Wahrscheinlichkeit dafür spreche, daß ein anderer nicht zufällig die gleiche Form finden würde. Wie in allen Fällen individueller Gestaltung treffe der Künstler auch hier eine Auswahl, und zwar aus der Unbegrenztheit verschiedenster Möglichkeiten. Er nehme ein Gebilde in die Hand, wie er es zu formen beabsichtigte, das er nun aber zufällig als einmaliges Exemplar fertig vorfinde, so daß er es nur noch zum seinigen als dem von ihm „hergestellten" zu machen brauche[130]. Die Unbegrenztheit der Möglichkeiten sowie die daraus folgende Einmaligkeit bzw. die Auswahl gerade derjenigen Form, die der Vorstellung des Autors entspricht, begründen nach *Kummer* die Individualität und damit die Schutzfähigkeit des Werkes.

„Ob der Maler das, was er an die Ausstellung geben will, zufällig ‚vorfabriziert' vorfindet oder vorerst mit eigener Hand herstellen muß: wen anders sollte es kümmern (solange die Natur die gleiche Form mit Sicherheit in keine zweite Hand gibt). Nur sein ‚Werk' zählt, das, was er vorlegt; *wie* er es schuf, bleibt unbeachtlich. Er mag diese Tänzerin mühsam mit dem Messer aus dem Scheid herausgearbeitet oder sie glücklich im Bergwald gefunden haben: so oder anders muß er nicht hinnehmen, daß ein anderer beispielsweise sie fotografiert und in einem Werbetext verwendet; denn weil sie individuell ist, hat er das Urheberrecht an dieser Skulptur."[131]

Kummer bringt damit klar zum Ausdruck, daß die Präsentation eines „Werkes" dessen Individualität nicht etwa ersetzen kann, sondern voraussetzt. Bei der Präsentation als Werk handelt es sich also um eine mitunter notwendige, *zusätzliche* Schutzvoraussetzung.

Schmieder, der interessanterweise gleichzeitig, aber unabhängig von

---

[129] *Kummer*, S. 103 ff., 170 ff., 193.
[130] *Kummer*, S. 151.
[131] *Kummer*, S. 104.

Kummer die Präsentation als Werkeigenschaft vorgeschlagen hat, verlangt zusätzlich, daß der Urheber sich zu seinem Werk subjektiv bekenne *(Identifikation)*[132]. Die also für erforderlich gehaltene Identifikation soll verhindern, daß der Künstler für ein Erzeugnis Urheberrechtsschutz in Anspruch nimmt, das er selbst *nicht* als urheberrechtsschutzfähig betrachtet. Der Identifikation käme mithin eine gewisse Ausgleichsfunktion zu, die es ausschließt, daß sich das Publikum durch die Abnahme eines „Kunstwerkes" der Lächerlichkeit und dem Spott des Autors preisgibt. Entsprechende Befürchtungen scheinen der Kritik *Ulmers* an der Theorie *Kummers* zugrunde zu liegen. So hat *Ulmer* gegen die Präsentation gewandt u. a. ausgeführt: „Genügt es . . ., daß der Urheber selbst das betreffende Gebilde als Kunstwerk präsentiert, und gilt dies selbst dann, wenn er sich über die Käufer mokiert, die solcher Präsentation vertrauen?"[133]
Verbraucherschutznahe Erwägungen sind im Rahmen der Diskussion um den urheberrechtlichen Werkbegriff nicht am Platze. Das Risiko, ein Kunstwerk anzuerkennnen oder zu verkennen, kann dem Kunstinteressenten nicht durch eine etwa erforderliche Identifikation des Künstlers mit „seinem" Werk abgenommen werden. Das Urheberrecht befaßt sich vor allem mit dem schützbaren Werk. Das Werk in seiner individuellen Gestalt ändert sich aber weder durch die zustimmende noch durch die ablehnende Haltung seines Urhebers zu ihm. Daher hat die Identifikation in dem von *Schmieder* vorgeschlagenen Sinn für die Frage der Schutzgewährung unbeachtlich zu bleiben[134]. Das Gleiche gilt im Grund für die Präsentation im Sinne *Kummers*, worauf im folgenden noch einzugehen sein wird (vgl. nachfolgende Ausführungen II.2.).

II. Stellungnahme zum Kummerschen Werkbegriff

Die Gegenüberstellung des überkommenen und des *Kummerschen* allgemeinen Werkbegriffs ergibt, daß *Kummer* in seinem Bemühen, den Ge-

---

[132] *Schmieder* in UFITA, aaO. S. 113.
[133] *Ulmer* in GRUR 1968, 529.
[134] Die Kunstgeschichte kennt verschiedene Beispiele dafür, daß sich Urheber bzw. Künstler selbst von „echten" Kunstwerken aus den unterschiedlichsten Gründen losgesagt haben; so hat sich beispielsweise Ravel von seiner Komposition „Pavane pour une infante défunte" distanziert, ohne daß irgend jemand auf den Gedanken gekommen wäre, Ravel das Urheberrecht insoweit streitig zu machen.

genständen des zeitgenössischen Kunstschaffens gerecht zu werden, zu einer Erweiterung des Urheberschutzes kommt.
Kummer unterscheidet sich in seiner Werkauffassung von der herrschenden Lehre vor allem durch die Merkmale der Individualität im Sinne der „statistischen Einmaligkeit" als maßgeblicher Schutzvoraussetzung.

1. Zustimmung zur Individualität im Sinne der „statistischen Einmaligkeit"

a) Grundsätzliches

Es ist das Verdienst *Kummers*, daß der Begriff der Individualität nicht schon per definitionem weite Teile des zeitgenössischen Kunstschaffens vom Urheberrechtsschutz ausschließt. Die Individualität im Sinne der „statistischen Einmaligkeit" wäre in der Hand des Richters ein verläßlicher Maßstab urheberrechtlicher Schutzgewährung vor allem in Fällen der Beurteilung von Computer-Erzeugnissen und anderen Phänomenen des zeitgenössischen Kunstschaffens, bei denen die herkömmlichen Maßstäbe offensichtlich versagen, weil gewissermaßen die Umwertung aller Werte im Gange ist.
Die Werkauffassung *Kummers* insoweit ist – rechtsdogmatisch gesehen – eine konsequente Fortsetzung des Grundsatzes, wonach das Urheberrecht nicht etwa Verfahrens-, sondern Werkschutz ist. Durch die grundsätzliche Einbeziehung von Computer-Erzeugnissen in den Urheberrechtsschutz erübrigt sich nämlich die ansonsten mitunter notwendige Feststellung, *wie* der Autor zu seinem Werk gekommen ist. Die herrschende Lehre dagegen, die – wie dargestellt – fast ausnahmslos Computer-Erzeugnisse vom Urheberrechtsschutz ausschließen will, wäre gezwungen, den genannten Grundsatz selbst aufzugeben, weil – wie nicht bestritten wird – die von der Maschine hergestellten Kunstprodukte sich von denen aus Menschenhand kaum noch unterscheiden lassen. *Kummers* Werkauffassung insoweit steht jedenfalls fest auf dem Boden bisher nicht in Frage gestellter urheberrechtlicher Prinzipien. Die Einführung eines urheberrechtlichen Verfahrensschutzes würde keine geringere Umwälzung für das Urheberrecht bedeuten als die Befolgung der *Kummerschen* Lehre im ganzen.
Von den Gegnern der *Kummerschen* Theorie scheint als erster *Dittrich* erkannt zu haben, daß ein Festhalten an der herrschenden Auffassung, wonach das Werk ein Ergebnis menschlichen Schaffens sein muß, der

Praxis die kaum oder überhaupt nicht mögliche Prüfung aufbürdet, *wie* das Werk entstanden ist[135]. Wenn also – und diese Frage müßte die herrschende Lehre, soweit sie *Kummer* nicht folgt, beantworten – die Individualität eines Werkes als dessen Verbindung zu einer bestimmten Person nicht zu beweisen ist, was kann dann die so verstandene Individualität als Abgrenzungskriterium noch leisten? Bereits *Troller* hat festgestellt, daß angesichts dessen nichts anderes mehr übrig bleibe, „als die *Kummersche* ‚statistische Einmaligkeit' oder anders gesagt ‚die *Individualität der erscheinenden Form*' als entscheidendes Wesensmerkmal des Werkes anzuerkennen. Es ist besser, sogar Computererzeugnisse zu schützen, als den Urhebern den unmöglichen Beweis aufzubürden, daß das Werk den Stempel ihrer Individualität trage."[136]. *Troller* hat sich damit der *Kummerschen* Lehre insoweit angeschlossen.

Heim, der im Anschluß an *Troller* die Individualität im Sinne der statistischen Einmaligkeit grundsätzlich ebenfalls befürwortet, hat gegenüber *Kummer* eine wesentliche Einschränkung gemacht: nur jene Gebilde sollen am Schutz teilhaben, bei deren Erzeugung der Mensch mitgewirkt hat und auf deren Gestaltung er einen Einfluß ausübte[137]. Diese Einschränkung ist – wenn man der Auffassung *Kummers* überhaupt folgen will – nicht gerechtfertigt, zumal dann, wenn sie im Falle *Heims* damit begründet wird, daß das Urheberrecht vom menschlichen Schaffen als Schutzvoraussetzung nicht zu trennen sei. Solange sich die menschliche Einflußnahme auf die Entstehung in eindeutiger Weise aus der Erscheinung des Werkes selbst erkennen läßt, mag *Heims* Einschränkung noch annehmbar sein. Sind aber – und davon geht bekanntlich *Kummer* wie vor ihm bereits *Fromm* aus – Computererzeugnisse und andere Gebilde der modernen Kunst in ihrer künstlerischen Form und Aussage von den Werken herkömmlicher Art kaum oder überhaupt nicht mehr zu unterscheiden, so läßt sich die Erkenntnis der Verbindung des Menschen zum Werk nur noch auf dem Umweg über die Entstehungsgeschichte bzw. das Herstellungsverfahren gewinnen. Das Abstellen auf die zumindest entstehungsmäßige Verbindung des Werkes zum Menschen wäre phänomenologisch jedenfalls nicht mehr zu begründen.

Bemerkenswert ist im Hinblick auf *Troller*, daß selbst er seine phänome-

---

135 Dittrich, S. 32 ff.

136 *Troller* in Mitteilungen 1969, 204.

137 *Heim*, S. 48 f.

nologische Betrachtungsweise für die Beurteilung der Schutzfähigkeit von Computer-Erzeugnissen zu verlassen scheint[138].
Will man dagegen – konsequenterweise – an der Erscheinung des Werkes allein als Kriterium der Rechtsentstehung festhalten, so ist die entstehungsmäßige Verbindung des Werkes zum Menschen für die urheberrechtliche Betrachtung insoweit unerheblich[139].

b) Individualität und „statistische Einmaligkeit"

Wie eigentlich nicht zu verkennen ist, erfaßt das Urheberrecht nach der *Kummerschen* Werkauffassung nicht alles, was statistisch einmalig ist, vom literarischen und künstlerischen Gemeingut, der Anweisung, der Handwerksregel, der Manier und dem Stil einmal abgesehen. Die synonyme Verwendung der Begriffe Individualität und „statistische Einmaligkeit" – darauf war bereits hinzuweisen – würde eine unzulässige Vereinfachung der *Kummerschen* Lehre bedeuten. *Kummer* hat demgemäß niemals behauptet, daß jedes statistisch einmalige Erzeugnis zugleich individuell sei und Schutz genieße. Die Kritik an *Kummer* ist auch insoweit nicht berechtigt[140].
Die Definition der Individualität im Sinne der statistischen Einmaligkeit schließt es aus, diese Voraussetzung irgendwie im Zusammenhang mit der Individualität einer Urheberpersönlichkeit zu sehen. Diese Konsequenz muß in Kauf genommen werden; zumal angesichts einer Entwicklung, die auf allen Gebieten der Kunst als „Entpersönlichung" empfunden werden muß, dem Urheberrecht kaum eine andere Wahl bleibt, will es nicht eine kulturelle Wertung vornehmen, die ihm nicht zusteht[141].

---

138 *Troller*, S. 448 Anm. 68, wo er u. a. auch auf „die Leistung dessen, der den Apparat gespeichert und gehandhabt hat", abstellen will.

139 Die fragliche Einschränkung hat ohnedies nur für die Beurteilung der sog. „objets trouvés" praktische Bedeutung, da – bei entsprechend weiter Auslegung des menschlichen Schaffensbegriffes – Computer-Erzeugnisse vom menschlichen Schaffen nicht zu trennen sind. *Heim* wird sich fragen müssen, ob es sich lohnt, die phänomenologische Methode insoweit aufzugeben.

140 Vgl. *Ulmer* in GRUR, aaO. S. 529 links oben; bedenklich auch die Formulierung *Trollers*, S. V, VI (Vorwort), wonach Kummers These verlange, „daß die eigenpersönliche Prägung des urheberrechtlich schützbaren Werkes durch die statistische Einmaligkeit zu ersetzen sei".

141 *Hubmann*, Recht des schöpferischen Geistes, S. 133: „Das Recht kann nicht kulturelle Wertungen vornehmen oder gar um eines kulturellen Wertes willen auf andere einen Zwang ausüben."

c) Auswahl und Anordnung

Im übrigen erscheinen auch die Bedenken *Ulmers*, wonach die *Kummersche* Werkauffassung den Gerechtigkeitsgehalt des Urheberrechts verletzt, unbegründet[142]. Es ist zwar nicht zu bestreiten, daß die Individualität im Sinne der statistischen Einmaligkeit schneller erreicht ist als die Selbstverwirklichung des Urhebers im Werk. Ohne das geringste Dazutun des Urhebers wird aber auch die Individualität im Sinne *Kummers* nicht erreicht, und besteht dieses auch nur in dem Auffinden einer Föhrenwurzel und der anschließenden Präsentation als Kunstwerk (vgl. aber nachfolgende Ausführungen 2). Das gilt auch für die Individualität kraft Auswahl und Anordnung. Es ist *Kummer* darin zuzustimmen, daß die Auswahl als solche bereits eine, wenn auch an das Vorbewußte delegierte, geistige, schöpferische Tätigkeit darstellen kann. Obgleich zu unterscheiden ist zwischen der Intervention unbewußter Vorgänge im schöpferischen Prozeß einerseits und der Automatisierung von Routinefertigkeiten andererseits, ist nicht zu verkennen, daß auch die Automatisierung von Fertigkeiten als ein *Akt geistiger Ökonomie* einen Teil des künstlerisch schöpferischen Prozesses ausmacht[143]. Man kann in diesem Zusammenhang auch an die Funktion des Computers bei der Werkschöpfung denken, um festzustellen, inwieweit vertraute Aufgaben an niedrigere Niveaus der geistigen Hierarchie bzw. an Maschinen delegiert werden können. Je besser und müheloser die Ausübung irgendeiner Fertigkeit beherrscht wird, desto mehr neigt sie zum automatischen Ablauf. Über ihre Bedeutung für die künstlerische Gestaltung ist damit nichts gesagt, es kann sich um erhebliche oder unerhebliche Fertigkeiten handeln. Daher wird man die Auswahl als solche grundsätzlich als eine mehr oder weniger bedeutsame geistige Tätigkeit anzuerkennen haben. Einer darüberhinausgehenden geistigen Tätigkeit bedarf es nicht. Alles weitere ist eine Frage der Individualität „der erscheinenden Form". Es kann also nur darauf ankommen, daß eine Auswahl überhaupt stattgefunden und zu einem individuellen Ergebnis geführt hat[144].

---

[142] *Ulmer* in GRUR 1968, 428.

[143] *Koestler*, S. 161.

[144] Nach *Ulmer*, S. 108, wird die Individualität (beim Sammelwerk) erst durch die auf geistiger Arbeit beruhende Sammlung und Auswahl bestimmt; auch für *Troller*, S. 477, bewirken bloßes Auswählen oder Sichten noch keine Geistesschöpfung; *Fromm-Nordemann*, § 4 Anm. 2, stellen darauf ab, ob eine Samm-

Zu Unrecht wird *Kummer* in diesem Zusammenhang vorgeworfen, er setze den urheberrechtlichen Begriff der Auslese unrichtig ein[145]. *Kummer* verwendet diesen Begriff offensichtlich untechnisch im Sinne von Auswahl, Aussondern, Aussuchen usw. und nicht etwa nur im Hinblick auf das Sammelwerk, bei dem es in der Tat nicht um den einzelnen Beitrag, sondern um die auf Analyse und Anordnung beruhende Sammlung vieler Beiträge geht. Die Kritik verkennt, daß *Kummer* – wie oben ausgeführt – die Auswahl und Anordnung zu einem durchgehenden urheberrechtlichen Prinzip erhoben hat. *Kummer* verbindet mit dem Begriff der Auslese ganz bewußt das Herausstellen eines einzelnen Gegenstandes. Auswahl im Sinne *Kummers* bedeutet vor allem Adoption eines einzelnen Gebildes als Werk[146]. Daß diese Auswahl möglicherweise auf einer anderen Ebene geistiger Tätigkeit liegt als die Sammlung von Werken oder anderen Beiträgen im Sinne des § 4 UG, kann den so verstandenen Begriff der Auslese nicht disqualifizieren.

Eine ganz andere Frage ist es, ob Auswahl und Anordnung tatsächlich zu einem durchgehenden urheberrechtlichen Prinzip erhoben werden können. Aber auch insoweit ist *Kummer* zu folgen, denn tatsächlich werden durch jede Gesetzmäßigkeit nur die Auswahlmöglichkeiten eingeschränkt, aus denen die Entscheidung jeweils getroffen wird[147]. Nehmen die Auswahlmöglichkeiten zu, so wird auf eine entsprechende Abnahme der Gesetzmäßigkeit geschlossen werden können bzw. auf eine Gesetzmäßigkeit, die die Auswahlmöglichkeiten entsprechend weniger einschränkt. Auf jeden Fall bleibt es die Auswahl, die das Wesen einer künstlerisch-schöpferischen Entscheidung ausmacht.

Dazu sei allgemein, aber auch im Hinblick auf die noch näher zu behandelnden Computerproduktionen, angemerkt, daß es eine unbegrenzte Auswahlmöglichkeit nicht gibt. Alle Wertebereiche, die dem künstlerisch-schöpferischen Menschen zur Verfügung stehen, sind endlich. Und von daher ist auf eine letztlich immerwährende Gesetzmäßigkeit im schöpferischen Prozeß zu schließen. Die Frage ist nur, wie man die eine oder andere Gesetzmäßigkeit definiert. Letzten Endes läuft diese Fragestellung auf die Definition des Zufalls als eine Gesetzmäßigkeit hinaus. Daß es

---

lung von einem „individuellen Ordnungsprinzip" geprägt ist. Sämtliche Stellungnahmen betreffen nur das Sammelwerk gemäß § 4 UG.

[145] *Ulmer* in GRUR, aaO. 529, 530; *Heim*, S. 45.

[146] *Kummer*, S. 194.

[147] *Fuchs*, S. 166.

sich dabei um eine Gesetzmäßigkeit handelt, kann nicht bestritten werden[148]. Wenn das Urheberrecht trotzdem glaubt, die Erzeugnisse des Zufalls – im Grunde (objektiv) Auswahlen wie jedes andere Kunstwerk auch – vom Schutz ausschließen zu können, so müßte es in etwa die Zahl der Auswahlmöglichkeiten angeben, die eine Gesetzmäßigkeit maximal zur Verfügung stellen darf, damit noch ein schutzfähiges Werk herauskommt. Ein für das Urheberrecht wohl unmögliches Unterfangen![149]. Aber wie sonst könnte die Grenze zwischen „Auswahlen", die Schutz genießen und „Auswahlen", die vom Schutz ausgeschlossen sein sollen, gezogen werden, nachdem das urheberrechtsschutzfähige Werk nicht mehr Ausdruck der Persönlichkeit des Urhebers sein kann?

d) Werturteile

Wenn *Ulmer* im übrigen davonausgeht, daß ein uneingeschränkter Verzicht auf Werturteile im Urheberrecht nicht möglich sei und auch Samson in Erwiderung auf *Kummer* feststellt, daß man ohne „ästhetische Werturteile" nicht auskomme[150], so sei darauf hingewiesen, daß trotz *Kummers* ausdrücklicher Absage an jede Wertung in der Ermittlung der „handgreiflichen" Individualität eine – wenn auch geringfügige – wertende Tätigkeit gesehen werden muß. Wird man nicht bereits die Abgrenzung der „handgreiflichen" von der „unterschwelligen Individualität" und das so gefundene Ergebnis als ein „ästhetisches Werturteil" zu bezeichnen haben? Und gilt das nicht auch für die Feststellung, daß ein Dritter unabhängig von dem zu beurteilenden Gebilde nicht (oder doch) auf das Gleiche verfallen würde? In beiden Fällen entscheidet der Richter über einen bestimmten Grad von Individualität, das heißt über den Grad von Einmaligkeit, bei dem Individualität schlechthin beginnt. Darunter kann nicht etwa

---

148 Vgl. *Heiss*, S. 217 betr. die Gesetzmäßigkeit des Zufalls in der Musik.

149 Für die mit Hilfe des Computers hergestellten Kunstwerke würde sich das „Bit" – die Einheit der Information, mit der Elektronenrechner arbeiten – als Anknüpfungspunkt anbieten. Der Programmierer, der den Computer benutzt, weiß von vorneherein, wieviel Bit-Register und damit wieviel Auswahlmöglichkeiten ihm maximal zur Verfügung stehen; z. B. 5 Bit-Register bedeuten $2^5 = 32$ Möglichkeiten oder $2^{18} = 262\,144$ Möglichkeiten. Es ist kaum zu erwarten, daß das Urheberrecht von dieser Abgrenzungsmöglichkeit Gebrauch macht, zumal jede Grenzziehung insoweit als willkürlich empfunden werden müßte; vgl. *McCarthy*, S. 17 ff. zu der Einheit der Information; ebenso *Evans*, S. 29 ff.

150 *Ulmer* in GRUR, aaO. S. 529; *Samson* in UFITA, aaO. S. 123.

das selbe wie unter der qualifizierten Individualität im Sinne *Ulmers* verstanden werden, zumal *diese* für die Zubilligung des Schutzes nicht beachtlich ist (vgl. Ausführungen oben A.III.1.b).
Gänzlich ohne „ästhetisches Werturteil" würde man nur bei der Ermittlung der statistischen Einmaligkeit im Sinne der Statistik als methodischer Hilfswissenschaft auskommen. Der Richter aber, der die Individualität im Sinne *Kummers* feststellt, „zählt" nicht, sondern „vergleicht". Seine Entscheidung bleibt eine – wenn man so will – „qualitative Wertung", die man aber in Kauf nehmen kann, da der Spielraum für die Beurteilung der Urheberrechtsschutzfähigkeit eines Werkes erheblich kleiner wird.
Wenn die Anerkennung der Individualität im Sinne *Kummers* gleichzeitig zu einer Erweiterung des Schutzkreises führt, so bedeutet das keine Beeinträchtigung der Schutzfähigkeit „echter" Kunstwerke. Sie würde nur für den Urheberrechtsschutz der sog. „Kleinen Münze" – dogmatisch überzeugend – eine Beschränkung des Schutzes auf die „Individualität der erscheinenden Form" zur Folge haben, eine Beschränkung, die zwar nicht im Sinne des Gesetzgebers wäre, die aber die Zustimmung der herrschenden Lehre im allgemeinen finden dürfte.

e) Objektive oder relative Neuheit

In der Auseinandersetzung um den *Kummerschen* Werkbegriff ist bisher nicht berücksichtigt worden, daß die Individualität im Sinne der „statistischen Einmaligkeit" die objektive Neuheit eines Werkes bedingt. Es liegt auf der Hand, daß ein Werk, das nicht statistisch einmalig im eigentlichen Sinn des Wortes ist, nicht im *Kummerschen* Sinne individuell sein kann. *Schmieder*, dessen Vorschläge bekanntlich in die gleiche Richtung gehen wie die Auffassung *Kummers*, hat die objektive Neuheit eines Werkes demgemäß ausdrücklich verlangt[151].
Soweit die herrschende Lehre die subjektive Neuheit eines Werkes für ausreichend hält, ist dagegen angesichts des nach geltendem Recht lediglich relativ wirkenden Urheberrechtsschutzes nichts einzuwenden[152]. Mit

---

[151] *Schmieder* in UFITA, aaO. S. 113.
[152] Die relative Wirkung des Urheberrechtsschutzes besteht darin, daß nur gegen eine subjektiv abhängige Neuschöpfung, nicht aber gegen eine selbständig zustandegekommene Doppelschöpfung Schutz gewährt wird; vgl. zur Neuheit Ausführungen oben, A.III.1.c).

der Forderung von objektiver Neuheit würden nämlich an die Schutzfähigkeit eines Werkes höhere Anforderungen gestellt als tatsächlich Schutz gewährt wird. Der Verhältnismäßigkeitsgrundsatz wäre verletzt[153]. Dem *Kummerschen* Werkbegriff gegenüber geht diese Argumentation allerdings ins Leere. Die Individualität im Sinne der „statistischen Einmaligkeit" läßt Doppelschöpfungen *per definitionem* nicht zu, das heißt der Urheberrechtsschutz auf der Grundlage dieser Werkauffassung wirkt nicht nur gegen subjektiv abhängige Neuschöpfungen, sondern absolut.
Die Erweiterung urheberrechtlicher Schutzgewährung, die ein besonderes Kennzeichen der *Kummerschen* Lehre ist, bedeutet also nicht nur Schutzerleichterung, sondern zugleich *Schutzvermehrung*. Die damit Hand in Hand gehende Forderung von objektiver Neuheit eines Werkes mag als Erschwernis in Kauf genommen werden; jedenfalls ist die Verhältnismäßigkeit zwischen Schutzvoraussetzungen einerseits und Schutzumfang andererseits gewahrt.
Ebensowenig wie bisher die subjektive Neuheit braucht die objektive Neuheit eines Werkes als Schutzvoraussetzung ausdrücklich erwähnt zu werden. Ob das Urheberrecht aber auf der Grundlage der neuen Werkauffassung ohne den dem Patentrecht entlehnten Grundsatz der Priorität einschließlich des dazugehörigen Anmelde- und Prüfungsverfahren auskommt, bleibt abzuwarten.
Die Prüfung der objektiven Neuheit scheitert nicht an technischen Schwierigkeiten[154]. Denn spätestens im Streitfall würde das notwendige Vergleichsmaterial zur Verfügung stehen. – Zu überlegen wäre allenfalls, ob die sog. relative Neuheit als ein Unterfall der objektiven Neuheit der *Kummerschen* Werkauffassung entspricht. Man wird sich insoweit mit der relativen Neuheit ohne weiteres begnügen können.

2. Ablehnung der Präsentation als Werkeigenschaft

a) Eigene Stellungnahme

Kummers Vorschlag, die Präsentation eines Werkes als zusätzliche Schutzvoraussetzung gelten zu lassen, kann nicht gefolgt werden.
Dabei ist zunächst festzustellen, daß auch *Kummer* seine phänomenologische Betrachtungsweise nicht konsequent fortsetzt. Denn daß die Prä-

---

[153] *Nicolini* in GRUR, aaO. S. 407 ff.
[154] a. A. *Hanser-Strecker*, S. 52.

sentation eines Gebildes dessen Werkeigenschaft begründet, ist *phänomenologisch* nicht erklärbar. Wenn an dem Werk als Kriterium der Rechtsentstehung festgehalten werden soll – und daran kann nach *Kummer* grundsätzlich kein Zweifel bestehen – so kann das Werk nur in seiner Erscheinung begriffen werden, nicht aber in der Erfüllung einer Voraussetzung, die allein vom Willen des betreffenden Urhebers abhängt. Im übrigen macht sich hier die Unvollständigkeit der von *Kummer* gewählten Phänomenologie nachteilig bemerkbar. So übersieht *Kummer*, daß die Präsentation als Abgrenzungskriterium weder im Bereich der Baukunst noch in dem der angewandten Kunst zu gebrauchen ist[155].
Im Anschluß an *Samson* und *Ulmer* ist darauf hinzuweisen, daß unter Berücksichtigung der Präsentation als zusätzliche Werkeigenschaft die Fragen der Urheberrechtsschutzfähigkeit von Entwürfen, Skizzen und anderen Vorstufen eines Werkes nicht gelöst sind. Mangels Präsentation blieben diese ungeschützt. Im übrigen ist die Formulierung *Kummers*, daß „der Lauf der Schutzdauer" erst mit der Präsentation beginne, zumindest mißverständlich[156]. Denn von der Schutzdauer wird in der Regel nur im Zusammenhang mit der Dauer des Urheberrechts nach dem Tode des Urhebers gesprochen (vgl. §§ 64 ff. UG).
Zutreffenderweise mißt *Samson* der Präsentation als Werk lediglich die Bedeutung einer Veröffentlichung bei[157]. Daß es für die Urheberrechtsschutzfähigkeit aber auf die Veröffentlichung des Werkes nicht ankommt, ergibt sich bereits aus § 12 Abs. 1 UG, wonach es dem Urheber freisteht, zu bestimmen, ob und wie sein Werk veröffentlicht wird.
Kummer hat im Hinblick auf das Erfordernis der Präsentation wohl nur an solche Werke gedacht, die gewissermaßen ohne Vorstufen in die Hand des Urhebers gelangen, so also etwa die sog. „objets trouvés" oder auch die Erzeugnisse des Computers, wenn man einmal davon absieht, daß das Programm auch als Vorstufe des Werkes angesehen werden könnte. Aber selbst in diesen Fällen können zwischen dem Auffinden oder der Herstellung des Werkes, kurz zwischen der „Auswahl" und der Präsentation mehr oder weniger große Zeitspannen liegen, in denen die latenten Rechte des künftigen Urhebers in Gefahr sind, durch Dritte beeinträchtigt zu werden. Der Dieb einer noch nicht präsentierten Computergraphik

---

[155] So bereits *Ulmer* in GRUR, aaO. S. 529.
[156] *Kummer*, S. 195.
[157] *Samson* in UFITA, aaO. S. 126.

etwa, soll er sich durch Präsentation zum Urheber dieses Werkes aufschwingen können? Soll der gleichsam verhinderte „rechtmäßige" Urheber auf die Geltendmachung von zivilrechtlichen Ansprüchen beschränkt sein? Solange vor der Präsentation ein urheberrechtlich nicht relevantes Gebilde vorliegt, blieben dem Berechtigten tatsächlich keine anderen Rechtsbehelfe. Dem könnte vielleicht damit begegnet werden, nur die „rechtmäßige" Präsentation – das heißt also die Präsentation durch denjenigen, der auch die „Auswahl" getroffen hat – als schutzbegründend anzuerkennen. Aber es liegt auf der Hand, daß sich dann die urheberrechtliche Betrachtung noch weiter vom Werk entfernen würde, als sie es mit der Anerkennung der Präsentation als Werk ohnedies schon getan hätte.

Die Präsentation als Werkeigenschaft ist möglicherweise das Ergebnis einer bereits im Ansatz falschen Fragestellung: ein Werk, das nicht ohne weiteres als „Kunstwerk" erkannt wird, ist – wie die *Kummerschen* Beispiele zeigen – ein Werk, das in der Herstellung oder in der Erscheinung oder in beidem traditionellen Ansprüchen nicht genügt. Gerade das aber kann das Urheberrecht nicht interessieren. Wonach sollte entschieden werden, wann die Präsentation erforderlich, wann entbehrlich ist? Was sich *Kummer* mit der Einführung der Präsentation einhandelt, ist genau das, was ihm sein Werkverständnis im übrigen erspart, nämlich die unergiebige, urheberrechtlich nicht erhebliche Auseinandersetzung über den Kunstwert eines Erzeugnisses. Für die konsequente Fortsetzung der *Kummerschen* Lehre würde es daher genügen, festzustellen, daß ein Gebilde in Worten, Tönen, Linien, Formen, Farben oder in einer Kombination dieser Ausdrucksmittel vorliegt und daß es „statistisch einmalig" ist. Die Präsentation als Schutzkriterium ist insoweit überflüssig.

Damit wird nicht etwa der Mißachtung des Urhebers als autonomes, die Herrschaft über sein Werk ausübendes Rechtssubjekt das Wort geredet, denn der Wille des Urhebers bleibt beachtlich, soweit es darum geht, das Urheberrecht an dem betreffenden Werk seinem Inhalt nach auszuüben (§§ 11 ff. UG). Gerade die Ablehnung der Präsentation als Werkeigenschaft ermöglicht dem Urheber das, was ihm im umgekehrten Falle unter Umständen verlustig ginge, nämlich die Verteidigung seiner Urheberrechte gegenüber Dritten. Darauf war bereits bei den Vorstufen des Werkes hinzuweisen. Noch gravierender wären die Rechtsfolgen für den Betroffenen, da ein Dritter etwa ein verworfenes, ausgeschiedenes Computerstück gewissermaßen aus dem Papierkorb seines Schöpfers gezogen hat und sich selbst als Urheber ausgibt. Denn jetzt wären selbst zivilrechtliche Ansprüche des Betroffenen vor allem unter dem Gesichtspunkt der Dereliktion fraglich.

b) Stellungnahme der Lehre

Auch in der Lehre ist die Präsentation als Werkeigenschaft auf einhellige Ablehnung gestoßen. *Samson* bezeichnet die These, daß die Präsentation über das Vorhandensein eines Werkes im Urheberrechtssinn entscheide, als zu weitgehend, selbst wenn die weitere Voraussetzung der Individualität hinzutrete[158]. Die erkennbare subjektive Äußerung des Urhebers, ein Kunstwerk geschaffen zu haben, sage noch nichts darüber, daß ein schützbares Werk vorliegt. *Samson* nimmt im übrigen Bezug auf eine Entscheidung des BVerwG, in der es u. a. heißt, daß die Eigenschaft eines Kunstwerkes nicht schlechthin davon abhängig sei, daß sein Urheber es als Kunstwerk betrachtet oder hat schaffen wollen[159].
In die gleiche Richtung zielen die Einwände *Umers*, der die Anlegung objektiver Maßstäbe im Urheberrecht ebenfalls für unerläßlich hält[160]. Berechtigt ist vor allem der Einwand, daß die Präsentation als Werk zu zweierlei Maß im Urheberrecht führen würde. Der Gerechtigkeitsgehalt des Urheberrechts allerdings, den *Ulmer* nicht nur – wie bereits dargelegt – durch die Individualität im Sinne der „statistischen Einmaligkeit", sondern auch durch die Präsentation verletzt sieht, wird m. E. auch hier nicht berührt, solange derjenige, der das subjektive Urheberrecht an einem individuellen Erzeugnis in Anspruch nimmt, überhaupt geistig tätig geworden ist (vgl. Ausführungen oben B.II.1.c).
Gerstenberg hat sich im wesentlichen den Bedenken *Ulmers* angeschlossen und die Präsentationstheorie ebenfalls abgelehnt[161]. Selbst *Troller*, der – wie oben ausgeführt – der *Kummerschen* Lehre im übrigen folgt, hat die Präsentation als Werkeigenschaft zurückgewiesen[162]. Schließlich hat *Dittrich* zu Recht darauf aufmerksam gemacht, daß die Präsentation auf dem Umweg über den Werkbegriff zu einer mit Art. 5 Abs. 2 RBÜ (Stock-

---

[158] *Samson* in UFITA, aaO.
[159] BVerwGE 23, 104 ff. = UFITA Bd. 48 (1966) S. 324 ff., 331.
[160] *Ulmer* in GRUR, aaO. S. 528.
[161] *Gerstenberg*, Moderne Kunst und Urheberrecht, S. 89 ff.; *Gerstenberg*, § 2 Anm. 11.
[162] *Troller*, Mitteilungen 1969, 205.

holmer Fassung von 1967) unvereinbaren Förmlichkeit als Schutzvoraussetzung führen würde[163].

3. Die Anwendbarkeit der Präsentationstheorie im Rahmen der Frage nach der Rechtszuordnung

Mit der Anerkennung der Individualität im Sinne der „statistischen Einmaligkeit" ist die Frage nach den Voraussetzungen urheberrechtlicher Schutzgewährung insoweit beantwortet worden, als es um das Werk selbst ging. Was aber noch nicht beantwortet ist, ist die Frage, welchem Rechtssubjekt das einmal begründete Urheberrecht zugeordnet werden soll. Diese Frage ist aus verschiedenen Gründen wesentlich: sie entspricht zum einen der rechtslogischen Forderung, daß nur Rechtssubjekte rechtsfähig, das heißt Träger von Rechten und Pflichten sein können; zum anderen kann die Frage der Urheberschaft, das heißt die Zuordnung eines Urheberrechts an eine bestimmte Person, auf der Grundlage der *Kummerschen* Werkauffassung nicht ohne weiteres beantwortet werden.
Gemäß § 7 UG ist Urheber der Schöpfer des Werkes[164]. Sofern ein schützbares Werk vorliegt, entsteht daran das Urheberrecht zugunsten desjenigen, der das Werk geschaffen hat. Auch das Miturheberrecht gemäß § 8 UG ist davon abhängig, daß in Bezug auf das Werk eine schöpferische Mitwirkung mehrerer stattgefunden hat[165]. Die Urheberschaft wird nach geltendem Recht also stets davon abhängig gemacht, daß sich der Betreffende schöpferisch betätigt hat; mit anderen Worten, die individuelle Erscheinung eines Werkes muß sich zumindest auf die *Person* eines Urhebers zurückführen lassen.
Die *Kummersche* Werkauffassung verlangt das nicht. Die Anerkennung der Individualität im Sinne der „statistischen Einmaligkeit" bedeutet die Schutzfähigkeit auch mechanisch-individueller Werke (vgl. Ausführungen

---

[163] *Dittrich*, S. 50.
[164] Wer darunter im einzelnen zu verstehen ist, ist in diesem Zusammenhang ohne Bedeutung, vgl. dazu *Samson*, S. 18.
[165] Die schöpferische Mitwirkung ist sachlich nichts anderes als die schöpferische Betätigung des Alleinurhebers, verteilt auf mehrere (natürliche) Personen, BGH in GRUR 1963, 40 f. = Schulze BGHZ 100 (Straßen – gestern und morgen). Die schöpferische Mitwirkung ist insbesondere zu unterscheiden von der blossen Teilnahme an Vorarbeiten und rein technischen Hilfeleistungen, die grundsätzlich keine Miturheberschaft begründen können, vgl. dazu *v. Gamm*, § 8 Rdz. 6 bis 10.

oben B.I.3.b.bb). Die Anerkennung der mechanischen Individualität erlaubt es *Kummer*, unter anderem auch die Erzeugnisse des Computers für schutzfähig zu erklären, gleichgültig wie groß der Einfluß aleatorischer Momente in diesen Fällen auch sein mag. Dabei kann zunächst dahingestellt bleiben, inwieweit es gerechtfertigt ist, im Hinblick auf Computererzeugnisse von mechanischer Individualität zu sprechen. Jedenfalls ist mit *Kummer* davon auszugehen, daß in den Fällen echter „kybernetischer" Werke (vgl. dazu Ausführungen unten, 3. Kap. C.III. Anm. 320) die entstehungsmäßige Verbindung des Werkes zum Menschen auf äquivalente Verursachung beschränkt ist, während sie etwa im Falle der Präsentation sog. „objets trouvés" eigentlich überhaupt nicht mehr besteht. Allerdings würde bei konsequenter Anwendung der Theorie *Kummers* jede Handlung des Urhebers vor der insoweit konstitutiv wirkenden Präsentation - diesselbe eingeschlossen - eine entstehungsmäßige Verbindung des Menschen zum Werk bedeuten, da vor der Präsentation das „Werk" als solches nicht besteht. Die also nur noch auf Verursachung beruhende Verbindung des Werkes zu seinem Urheber läßt die Frage der Urheberschaft zunächst offen, da ohne weiteres eine Vielzahl von Personen in diesem Sinne ursächlich geworden sein können.

Hier könnte die Präsentationstheorie selbständige, urheberrechtliche Bedeutung erlangen. Da die äquivalente Verursachung - anders als die eigene schöpferische Tätigkeit - die Funktion, nämlich den Hinweis auf den Urheber des Werkes nicht mehr eindeutig erfüllen kann, muß die Präsentation hinzutreten, um den Urheber des Werkes, genauer gesagt denjenigen, dem das subjektive Urheberrecht an einem Werk zugeordnet werden soll, zu kennzeichnen. Durch die Präsentation also könnte sich ein Rechtssubjekt mit einem schützbaren Werk in Beziehung bringen, ganz unabhängig davon, ob es dieses selber geschaffen hat oder nicht. Das subjektive Urheberrecht würde somit auch zugunsten desjenigen entstehen können, der nicht „Schöpfer des Werkes" im herkömmlichen Sinn ist[165a].

Heim, der sich mit dieser Frage ebenfalls kurz auseinandergesetzt hat, lehnt die Präsentation auch für die Frage der Rechtszuordnung als ungeeignetes Kriterium ab. „Wie sollte", fragt er, „der Präsentator für etwas Schutz genießen, das nicht von ihm, sondern von einem anderen ge-

---

165a In diesem Sinne bereits *Larese* in UFITA Bd. 65 (1972) S. 55 ff.

schaffen wurde?"[166]. *Heim* scheint dabei aber die Relativität des Urheber-Begriffs verkannt zu haben. Der Begriff des Urhebers ist insoweit relativ, als er das Bestehen eines schützbaren Werkes voraussetzt. Ändert sich der Werkbegriff entsprechend der Auffassung *Kummers*, der *Heim* im übrigen folgt, so wird man vor der Notwendigkeit einer Veränderung des Urheber-Begriffs nicht die Augen verschließen dürfen. Die Notwendigkeit dieser Veränderung ergibt sich aus der besagten Relativität des Urheber-Begriffs. Den Ausführungen *Heims* scheint noch der Gedanke der Belohnung des Schöpfers für dessen Arbeit zugrundezuliegen, ein klein wenig wohl auch die ehemals dominierende Vorstellung der Selbstverwirklichung des Schöpfers im Werk[167]. Warum sollte aber an dieser *traditionellen* Einschränkung festgehalten werden?
Die Kriterien wie etwa literarische oder künstlerische Leistung, schöpferische Tätigkeit und dergleichen - auf der Grundlage phänomenologischer Betrachtung ungeeignet, das schützbare Werk vom schutzlosen Gebilde abzugrenzen - könnten im Rahmen der Frage nach der Rechtszuordnung neue Relevanz gewinnen. Das gilt im übrigen auch für das von *Schmieder* vorgeschlagene Merkmal der Identifikation. So könnte das Urheberrecht an einem präsentierten Erzeugnis nur derjenige zu beanspruchen haben, der sich subjektiv zu seinem Werk bekennt. Oder: der schöpferische Gedanke, den derjenige gehabt hat, der die im Wald gefundene Föhrenwurzel als Tänzerin *identifizierte*, könnte allein den Betreffenden berechtigten, das subjektive Urheberrecht an diesem „Werk" im Wege der Präsentation zu erwerben. Die Präsentation wäre also nicht konstitutiv für die Hervorbringung des Werkes, sie wäre aber auch mehr als nur ein Indiz dafür, daß der Autor das präsentierte Gebilde als Kunstwerk empfindet[168]. Die Präsentation würde vielmehr das Vorliegen eines an sich schützbaren Werkes voraussetzen und nur in dem Sinne rechtsbegründend wirken, als dem (rechtmäßigen) Präsentator das subjektive Urheberrecht an dem betreffenden Werk zugeordnet wird.
Die Zukunft wird zeigen, ob diese Fragen für das Urheberrecht überhaupt praktische Bedeutung erlangen. Voraussetzung wäre in jedem Fall die grundsätzliche Anerkennung des neuen Werkbegriffs[168a].

---

[166] *Heim*, S. 48.
[167] *Hubmann*, Recht des schöpferischen Geistes, S..17 ff.; *Bappert*, S. 121 ff.
[168] In diesem Sinne ist die Präsentation für *Ulmer* in GRUR aaO. S. 529, allenfalls zu verstehen.
[168a] Im Vorentwurf der Expertenkommission für ein schweizerisches Bundesgesetz

4. Zusammenfassung

Angesichts der Realitäten des zeitgenössischen Kunstschaffens muß die Individualität als ein von der Persönlichkeit des jeweiligen Urhebers losgelöstes Kriterium verstanden werden. Die Individualität im Sinne der „statistischen Einmaligkeit" stellt insoweit ein geeignetes Abgrenzungskriterium dar. Die sich daraus ergebende Werkauffassung muß notwendigerweise auch auf die entstehungsmäßige Verbindung des Werkes zum Menschen verzichten. Jede diesbezügliche Einschränkung ist abzulehnen.
Individualität im Sinne *Kummers* bedeutet nicht „statistische Einmaligkeit" schlechthin. Eine synonyme Verwendung dieser beiden Begriffe stößt auf Bedenken, solange man sich nicht darüber im Klaren ist, daß die Ermittlung der Individualität im Sinne *Kummers* letztlich eine Entscheidung über *den* Grad von Einmaligkeit verlangt, bei dem Individualität schlechthin beginnt. Aber auch nur insoweit enthält die *Kummersche* Methode eine „qualitative" Wertung.
Es ist das Verdienst *Kummers,* Kunstwerke als „Auswahlen" gekennzeichnet zu haben. Diese Erkenntnis ist bedeutsam für die urheberrechtliche Beurteilung der Schutzfähigkeit von Computer-Erzeugnissen und Zufallsprodukten. Auch diese sind objektiv „Auswahlen", ungeachtet dessen, daß die Gesetzmäßigkeiten, auf denen ihre Entstehung beruht, die Auswahlmöglichkeiten weniger einschränken. Das Urheberrecht würde – wollte es diese Erzeugnisse vom Schutz ausschließen – vor der praktisch unlösbaren Aufgabe stehen, die Zahl der Auswahlmöglichkeiten anzugeben, die eine Gesetzmäßigkeit maximal zur Verfügung stellen darf, damit noch ein schutzfähiges Werk herauskommt.
Die Auffassung *Kummers* führt nicht nur zu einer Schutzerweiterung, sondern auch zu einer Schutzvermehrung. Denn auf der Grundlage der Individualität im Sinne der „statistischen Einmaligkeit" läßt das Urheberrecht Doppelschöpfungen nicht zu, schützt also auch gegenüber lediglich objektiv übereinstimmenden Nachbildungen. Im übrigen wäre die relative

---

betreffend das Urheberrecht, Art. 1, wird das schützbare Werk jetzt durch „individuelles Gepräge" definiert. „Die Beratungen (der Kommission, Anm. d. Verf.) lassen deutlich erkennen, daß die Individualität des Werkes im Sinne der Kummerschen statistischen Einmaligkeit entscheidet und nicht die in ihm erscheinende Persönlichkeit oder Individualität des Urhebers", vgl. *Troller,* Vorentwurf, S. 18 ff. mit eingehender Analyse des Begriffes „individueller Prägung"; vgl. dazu auch Larese aaO., S. 46 ff.; ebenso Pedrazzini, Film und Recht Nr. 2/1973, S. 69.

Neuheit eines Werkes als unausgesprochene Schutzvoraussetzung mit der *Kummerschen* Auffassung zu vereinbaren.
Die sich gegenüber der herrschenden Lehre ergebenden Unterschiede beruhen – vor allem was die Computer-Erzeugnisse betrifft – auf den dargestellten unterschiedlichen Betrachtungsweisen. Solange die nominalistische Methode nicht berücksichtigt, daß die Einbeziehung des Automaten in den Vorgang der Werkschöpfung Konsequenzen auch für den urheberrechtlichen Werkbegriff nach sich zieht, muß der phänomenologischen Betrachtungsweise der Vorzug gegeben werden.
Die Präsentation als Schutzvoraussetzung ist abzulehnen.[168b] Abgesehen davon, daß sie phänomenologisch nicht erklärt werden kann, ist die Schutzfähigkeit eines Werkes objektiv, nicht aber nach dem Willen des jeweiligen Urhebers zu bestimmen. Da die Auswahl als solche bereits zu individuellen künstlerisch-schöpferischen Äußerungen führen kann, sogar ohne daß es der entstehungsmäßigen Verbindung des Werkes zum Menschen bedarf, bedeutet die Präsentation als Werk eine überflüssige Voraussetzung. Sie ist daher fallen zu lassen.
Die Präsentation könnte im Rahmen der Frage nach der Rechtszuordnung Relevanz gewinnen, soweit es sich um Werke handelt, die entweder keine entstehungsmäßige Verbindung zum Menschen aufweisen oder als Maschinen-Kunstwerke präsentiert werden. In diesen Fällen kommen unter dem Gesichtspunkt der äquivalenten Verursachung grundsätzlich mehrere Personen als Urheber in Betracht. Die Präsentation würde in dem Sinne rechtsbegründend wirken, daß dem Präsentator das subjektive Urheberrecht an dem betreffenden Werk zugeordnet wird.

[168b] Insoweit ist auch die schweizerische Expertenkommission dem Vorschlag *Kummers* nicht gefolgt, vgl. *Troller*, aaO., S. 19.

2. Kapitel: Der Werkbegriff im Besonderen: Werke der Musik

A. Das schützbare Musikwerk nach geltendem Recht

Die Terminologie des Gesetzes verlangt eine differenzierte Betrachtung des Musikwerk-Begriffs. So beziehen sich die nachfolgenden Ausführungen weder auf den Werkbegriff der Bearbeitung gemäß § 3 UG noch auf den Begriff des Sammelwerkes gemäß § 4 UG[169]. Gegenstand der Untersuchung ist allein der im Gesetz selbst nicht verwendete Begriff des „Originalwerkes"[170], also „jedes (unveränderte) Werk, welches ohne erkennbare Zugrundelegung eines anderen Werkes selbständig und individuell geschaffen wurde."[171]

I. Die Musik als persönliche geistige Schöpfung

Gemäß § 2 Abs. 1 Ziff. 2 UG gehören zu den geschützten Werken auch die Werke der Musik. Sie unterfallen dem Oberbegriff „Werke der Kunst"[172], sind also Kunstwerke im engeren Sinn[173]. Diese Klassifizierung stellt aber keine echte Schutzvoraussetzung dar, weil es für die Gewährung urheberrechtlichen Schutzes grundsätzlich gleichgültig ist, welchem der drei in § 2 Abs. 1 UG genannten Bereiche ein Werk angehört – Literatur, Wissenschaft oder Kunst – sofern nur die Voraussetzung gemäß § 2 Abs. 2 UG erfüllt ist. In Grenzfällen, beispielsweise im Falle der verbal angewiesenen, sogenannten intuitiven Musik[174], braucht somit nicht ent-

---

[169] Nach *von Rauscher auf Weeg*, S. 127, ist ein Sammelwerk ohnedies kein Werk der Tonkunst; desgleichen *Hanser-Strecker*, S. 60 m. w. N.

[170] Vgl. aber beispielsweise Art. 2 Abs. 2 RBÜ (Brüsseler Fassung) und Art. 4 LOI no. 57-298 du 11 mars 1957 sur la propriété littéraire et artistique.

[171] Definition nach *Hanser-Strecker*, S. 59; entsprechend *Fromm-Nordemann*, S. 66; *Hubmann*, S. 102 sowie *Ulmer*, S. 139; auf die weitere Unterscheidung zwischen Originalwerk und Original des Werkes weist *Hanser-Strecker*, aaO., Anm. 2 hin; zur Abgrenzung Original-Vervielfältigungsstück vgl. *Samson*, S. 28.

[172] *Samson*, S. 12.

[173] In Übereinstimmung mit *Rintelen*, S. 53; Kunstwerke im weiteren Sinne schliessen literarische Werke mit ein.

[174] Ein Beispiel sog. „intuitiver Musik" ist *Stockhausens* „Setz die Segel zur Sonne" (aus „Aus den sieben Tagen", 1968/1969). Es handelt sich um Musik, die

schieden zu werden, ob es sich um ein Werk der Kunst oder um ein solches der Literatur handelt.
In erster Linie muß also auch ein Musikwerk – wie jedes schützbare Werk – eine persönliche geistige Schöpfung darstellen. Erst danach ist es sinnvoll zu fragen, ob auch ein Werk der Kunst vorliegt.

1. Die gesetzlichen Voraussetzungen

Soweit die Voraussetzungen des § 2 Abs. 2 UG erfüllt sein müssen, kann auf die Ausführungen zum allgemeinen Werkbegriff verwiesen werden (vgl. Ausführungen oben, 1. Kap. A.).

a) Der ästhetische Ausdruck

Wie bereits dargestellt, liegt der erforderliche geistige Gehalt bei Werken der Musik in ihrer ästhetischen Ausdruckskraft und Ausdrucksfähigkeit[175]. Eine ästhetische Wirkung in diesem Sinne kann weder einzelnen Tönen, noch ungestalteten Tonreihen, noch bloßen Tonaneinanderreihungen (Tonleitern, Terzentonleitern usw.) beigemessen werden. Auch die in der Natur vorkommenden Töne sowie mechanisch verursachte Ton- und Geräuschfolgen sind als solche noch keine Werke der Musik. Allerdings handelt es sich dabei um Material, das musikalisch-künstlerisch gestaltet werden kann. Je nachdem, ob damit eine ästhetische Wirkung erzielt wird oder nicht, ist die Frage nach der Gewährung urheberrechtlichen Schutzes zu beantworten. Allerdings dürfen auch hier keine hohen Anforderungen an die schöpferische Eigentümlichkeit, den ästhetischen Ausdruck kurz an die Individualität der Gestaltung gestellt werden, da wie bei der Umgestaltung, Paraphrase und Variation eines fremden Themas nur beschränkte musikalische Ausdrucksmöglichkeiten gegeben sind[176].
Die Persönlichkeit des Komponisten wird sich wie etwa im Falle der „musique concrète“ (vgl. dazu Ausführungen unten, 3. Kap. A.) kaum im Werk selbst widerspiegeln können. Die Abhängigkeit urheberrechtlichen

---

aus der geistigen Einstimmung der beteiligten Musiker durch kurze Texte entsteht. Von der Improvisation unterscheidet sie sich eigentlich nur dadurch, daß nach der Zielsetzung des Komponisten weniger schematisch, nach Formeln oder stilistischen Elementen als aus einer über diese musikalische Sprache hinausgelangenden Intuition musiziert wird bzw. musizert werden soll.

[175] v. Gamm, § 2 Rdz. 5 und 19.

[176] *Möhring-Nicolini*, § 2 Anm. 10c.

Schutzes von dieser Voraussetzung würde daher im Ergebnis eine Beschränkung des Komponisten in der Wahl seines Materials bedeuten, die nicht gerechtfertigt ist. Eine solche Beschränkung kommt schon deswegen nicht in Betracht, weil nur die konkrete Formgebung, nicht aber der Werkstoff Gegenstand des Urheberrechts ist[177]. Für die Ermittlung des notwendigen Eigentümlichkeitsgrades wird man sich daher auch bei den Werken der Musik mit der Feststellung begnügen müssen, daß ein anderer den selben Gegenstand möglicherweise anders behandelt hätte (vgl. Ausführungen oben, 1. Kap. A.III.1.c).

Da es im übrigen für das Urheberrecht grundsätzlich gleichgültig ist, mit welchen Mitteln oder Verfahren ein Werk komponiert oder in anderer Weise gestaltet wurde, ist auch die Komposition mit elektronisch erzeugten Klängen kein spezifisch urheberrechtliches Problem[178]. Davon zu unterscheiden ist aber die noch zu beantwortende Frage der Datenverarbeitung zum Zwecke der Klangbildung, das heißt die elektronische Komposition unter weitgehendem Ausschluß menschlicher Gestaltung und Entscheidung (vgl. Ausführungen unten, 3. Kap.).

b) Die Formgestaltung (Konkretisierung)

Die Formgestaltung bedeutet in diesem Zusammenhang nicht die Gestaltung der Form im musikalischen Sinn (Satzform, Liedform usw.), sondern – wie bereits allgemein auszuführen war – Konkretisierung des geistig-ästhetischen Gehalts in einer bestimmten, Dritten sinnlichen wahrnehmbaren Formgestaltung.

Da auch Musikwerke ihrem Wesen nach eine verkörperte Gestaltung nicht voraussetzen, genügt zur Konkretisierung eines individuellen musikalischen Gedankens die Aufführung des Werkes[179]. Insbesondere kann also auf eine Niederschrift in Noten verzichtet werden[180]. Andererseits genügt für die Zubilligung urheberrechtlichen Schutzes jede schriftliche

---

[177] *Ulmer*, S. 128; vgl. auch Ausführungen oben betr. die Auffassung *Trollers*, 1. Kap. A.III.1.a).

[178] Vgl. aber die Ansichten *von Rauscher auf Weeg* sowie *Gentz*, wonach die elektronische Musik generell nicht zu den Werken der Musik gezählt werden kann, Ausführungen unten, 3. Kap. B.

[179] Aufführung des Werkes ist dessen öffentliche Wiedergabe in unkörperlicher Form, und zwar bei Werken der Musik durch eine persönliche Darbietung, *v. Gamm*, § 73 Rdz. 5, § 19 Rdz. 10 ff.; *Ulmer*, S. 114.

[180] *Ulmer*, S. 126 h. A.

oder mechanische Aufzeichnung des Werkes, welche die Wiederholbarkeit des Werkes gewährleisten[181].
Unter diesen Umständen ist auch eine Improvisation urheberrechtsschutzfähig[182].
Soweit allerdings eine Niederschrift des Werkes in Noten erfolgt ist, wird diese nicht etwa als besondere Werkart (Schriftwerk), sondern als Musikwerk lediglich in einer anderen Erscheinungsform behandelt[183]. Das Gleiche gilt für die Aufzeichnung des Werkes auf Tonträger aller Art (Band, Platte, Lochstreifen usw.). Es handelt sich dabei um Vervielfältigungsstücke des Musikwerkes[184].
Die Interpretation eines Werkes als solche dagegen kann unter keinen Umständen ein Werk im Sinne des Urheberrechts sein. Das Urheberrechtsgesetz hat in den §§ 73 ff. die Rechte der „ausübenden Künstler" als „Verwandte Schutzrechte" dogmatisch streng von den Rechten des Urhebers abgegrenzt[185]. Diese Systematik berücksichtigt, daß der schöpferische Künstler einerseits und der nachschaffende Künstler andererseits wesensmäßig grundsätzlich Verschiedenes leisten. Ob der Fall der Interpretation bei der sog. Entwurfsmusik[186] eine Ausnahme darstellt, wird noch zu untersuchen sein (vgl. Ausführungen B.I.4.b).

---

[181] *Schramm*, Grundlagenforschung, S. 29; *Ulmer*, S. 124; *Hubmann*, S. 92; *v. Gamm*, aaO.; vgl. aber *Hirsch Ballin* in UFITA Bd. 50 (1967) S. 843 ff., 847: „Die Frage nach etwaiger Gewährleistung ‚identischer' Wiederholungen erscheint übrigens müßig, wenn den Beteiligten selbst gar nicht daran gelegen ist." Das gilt m. E. für den gesamten Bereich aleatorischer Musik, für den musikalischen Bereich also, in dem Zufallsentscheidungen für die Werkschöpfung oder bei der Interpretation eine Rolle spielen.

[182] *Ulmer*, aaO.; *Hubmann*, aaO. h. A.

[183] *Möhring-Nicolini*, § 2 Anm. 4.

[184] BGHZ 17, 266 ff (Tonbandaufnahme); *Bussmann-Pietzker-Kleine*, S. 337.

[185] Nach *Samson*, S. 86, „das Ergebnis der Rechtsprechung des Bundesgerichtshofes". Die Verweisung der ausübenden Künstler in den Bereich der sog. Leistungsschutzrechte entspricht wohl auch der herrschenden Auffassung, vgl. u. a. *Nipperdey*, InterGU Bd. 10, S. 2, der ausübende Künstler schaffe in der Wiedergabe kein eigenes Werk originär; entsprechend *Hubmann*, S. 86; *Samson*, aaO.; *Fromm-Nordemann*, § 70 Vor. Anm. 2, § 73 Anm. 1; *Overath* in InterGU Bd. 11, S. 40 ff., 44 f.; a. A. *Troller*, S. 500 ff., *Boden* in GRUR 1968, 537; *Hirsch Ballin* in InterGU Bd. 25, S. 20 f. sowie UFITA Bd. 50 (1967), aaO.

[186] Zum Begriff vgl. *Fromm-Nordemann*, § 2 Anm. 11; vgl. nachfolgende Ausführungen B.I.3.

2. Die Auffassung der Rechtslehre

a) *Ästhetische Gesichtspunkte*

Die ältere Rechtslehre, die den urheberrechtlichen Schutz eines Musikwerkes überwiegend von ästhetischen Gesichtspunkten abhängig gemacht hat, ist teilweise noch nicht überwunden[187]. So verlangt beispielsweise *Fabiani* die Zugehörigkeit eines Musikwerkes „zum Feld der Ästhetik und des Gefühls"[188]. Auch *Hubmann* glaubt, auf einen musikalischen Inhalt nicht verzichten zu können und versteht darunter „das in Tönen ausgedrückte musikalische Erlebnis, die Stimmung, den Gefühlswert"[189]. Überwiegend scheint sich aber eine von ästhetischen Gesichtspunkten befreite Auffassung durchzusetzen, wenngleich verschiedene Definitionsversuche die Verwendung von Geräuschen als adäquate musikalische Ausdrucksmittel noch immer nicht berücksichtigen[190]. Die Rechtslehre ist aber bemüht, den Musikwerk-Begriff weit zu fassen und jede Einschränkung, wenn möglich, zu vermeiden. Das gilt insbesondere für Einschränkungen, die aus dem Wesen der Melodie, des Rhythmus, der Harmonie usw. hergeleitet werden[191]. Demgemäß definieren etwa *Bußmann-Pietzker-Kleine* Musikwerke als „geformte musikalische Gedanken, die einer selbständigen Tätigkeit entsprungen sind, also eine eigentümliche Schöpfung darstellen und die in ihrer Formgebung klanglich realisierbar sind"[192]. Ob diese Definition allerdings weit genug ist, erscheint zweifelhaft. „Musikalische Gedanken" wird man beispielsweise in der „musique concrète" vergeblich suchen. In Anlehnung an *Hanser-Strecker*[193] könnte man sich

---

[187] Vgl. etwa *Hammer*, S. 15, ein Musikwerk müsse den „herrschenden Anschauungen" entsprechen; vgl. Anm. 188.

[188] *Fabiani* in InterGU Bd. 37, S. 85 ff., 86; ähnlich bereits *Becker-Bender*, S. 14 f.

[189] *Hubmann*, S. 93.

[190] So etwa *Möhring-Nicolini*, § 2 Anm. 4: „Ein Werk der Musik ist jede Schöpfung, die sich des Ausdrucksmittels der Töne bedient." Ähnlich *Hubmann*, S. 92; *v. Gamm*, § 2 Rdz. 19; *Ulmer*, S. 126, der unter Bezugnahme auf die veralteten Ansichten von *Freiesleben* „die Zugrundelegung einer Tonreihe" für unentbehrlich hält.

[191] *Möhring-Nicolini*, aaO.; ohne Bedeutung für die Schutzgewährung sind ferner Umfang und Veröffentlichung oder auch ein etwaiger Verstoß gegen gesetzliche Bestimmungen, vgl. dazu *Hanser-Strecker*, S. 56.

[192] *Bussmann–Pietzker–Kleine*, S. 341.

[193] *Hanser-Strecker*, S. 43.

darauf beschränken, das Musikwerk im Sinne des Urheberrechts als die „individuelle Gestaltung von akustischen Erscheinungen" zu definieren.

b) Wille und musikalische Gestaltung

Besondere Einschränkungen ergeben sich für die Rechtslehre allerdings aus der Verwendung technischer Apparaturen zur Musikerzeugung. So müsse „die mit Hilfe komplizierter technischer Geräte" entstehende Musik „vom Willen des Komponisten" abhängen[194]. Damit wird ein Moment berücksichtigt, das bislang urheberrechtlich nicht relevant erschien. Denn für den Werkcharakter spielt es keine Rolle, ob der Schöpfer den Willen hatte, ein Werk im Sinne des Urheberrechts zu schaffen. Seine Schaffenstätigkeit ist keine rechtsgeschäftliche oder geschäftsähnliche Handlung, sondern eine Tathandlung (Realakt), das heißt nur der tatsächlich herbeigeführte Erfolg ist für die Rechtsentstehung maßgebend[195].
Die vor allem im Falle der Zuhilfenahme des Computers verlangte Abhängigkeit der Entstehung eines urheberrechtsschutzfähigen Werkes von dem Willen des betreffenden Komponisten ist mit diesem Grundsatz nicht ohne weiteres zu vereinbaren. Die Frage lautet also, ob dem Willen des Komponisten bei der Verwendung des Computers zur Herstellung eines Musikwerkes urheberrechtliche Relevanz beigemessen werden kann oder nicht.

aa) Die Erscheinung des Werkes

Der Wille wird allgemein als die Fähigkeit des Handelns aus bewußten Motiven oder mit eigener Zielsetzung bezeichnet[196]. Das Ergebnis künstlerischen Schaffens – das Werk – müßte demgemäß entweder im Einklang mit den bewußten Motiven des Schöpfers stehen oder dessen eigener

---

[194] *Fromm-Nordemann*, § 2 Anm. 11; ähnlich *Möhring-Nicolini*, § 2 Anm. 4; auch *Ulmer* stellt auf einen „Gestaltungswillen" ab, vgl. *Ulmer* in GRUR, aaO. S. 529; ebenso *Gerstenberg*, § 2 Anm. 17.

[195] *Möhring-Nicolini*, § 2 Anm. 10g; *Palandt*, Überblick 1e vor § 104 BGB; *v. Gamm*, § 7 Rdz. 3.

[196] Der Große Brockhaus, Bd. 12, S. 523, 1. Sp.; zum Verhältnis Wille–Motiv vgl. *Schopenhauer*, S. 161: „Die Akte des Willens haben immer noch einen Grund außer sich, in den Motiven. Jedoch bestimmen diese nie mehr, als das, was ich zu *dieser* Zeit, an *diesem* Ort, unter *diesen* Umständen will; nicht aber daß ich überhaupt will, noch was ich überhaupt will."

Zielsetzung entsprechen. Ob dies der Fall ist, können Dritte nicht feststellen, es sei denn, die bewußten Motive des Komponisten bzw. dessen Zielsetzung lägen vom Beginn der Erstellung des betreffenden Werkes an zutage. Darüberhinaus wäre jede Änderung des Motivs oder der Zielsetzung im Laufe des schöpferischen Prozesses für die in Frage stehende Übereinstimmung erheblich und daher ebenfalls zu offenbaren. Es liegt auf der Hand, daß der mit Kunstdingen einigermaßen vertraute objektive Dritte, dem die Feststellung im Zweifel obliegen würde[197], über die insoweit erforderlichen Informationen grundsätzlich wohl nicht verfügen kann.
Der Wille eines Komponisten *kann* sich in der Erscheinung des Werkes widerspiegeln, aber er *muß* es nicht. Er bleibt insoweit urheberrechtlich bedeutungslos.

bb) Der schöpferische Prozeß im engeren Sinn[198]

Die für erforderlich gehaltene Abhängigkeit der mit Hilfe des Computers entstandenen Musik vom Willen des Komponisten könnte aber das eigentliche künstlerische Schaffen, das heißt die dem Werk vorausgehende Geistestätigkeit, kurz den schöpferischen Prozeß selbst betreffen. Damit mag sich die Vorstellung verbinden, daß der Komponist bei der Verwendung derartiger Apparaturen in Gefahr sei, gleichsam die Herrschaft über „sein" Werk zu verlieren. Einer solchen Befürchtung sei aber vorab mit dem Hinweis auf die mangelnde Entscheidungsfreiheit aller bisher verwandten Automaten begegnet. Denn selbst die – zu Unrecht – als „elektronische Gehirne" bezeichneten elektronischen Rechen- bzw. Datenverarbeitungsanlagen führen lediglich das aus, was der Konstrukteur und der Programmierer an Möglichkeiten in sie hineingelegt haben[199].

---

[197] *Gerstenberg*, § 2 Anm. 5 will die Feststellung der Individualität eines Kunstwerkes Sachverständigenkammern anvertrauen, was aber bedeutet, daß das Urteil über die Schutzfähigkeit dem Richter entzogen wird, eine Konsequenz, die nicht ohne weiteres hingenommen werden kann; vgl. Kritik bei *Samson* in UFITA, aaO. S. 134 mit Hinweis auf BGHZ 27, 356 (Candida), wo dem Richter ausdrücklich das Entscheidungsrecht in diesen Fragen eingeräumt wird, was an sich auch gar nicht zweifelhaft sein kann.

[198] Der schöpferische Prozeß ohne den Akt der Formgestaltung; vgl. auch Anm. 200), im übrigen nachfolgende Ausführungen cc).

[199] *Adler*, S. 11; *Prieberg*, Musica ex machina, S. 20; ebenso *Samson* in UFITA, aaO. S. 140.

Der schöpferische Prozeß – die Kreativität[200] – ist Gegenstand der Untersuchung anderer Wissensbereiche. Zu denken ist vor allem an die empirisch-experimentelle Psychologie und die psychoanalytische Theorie[201]. Nach deren Erkenntnissen ist der schöpferische Prozeß alles andere als ein im umfassenden Sinn des Wortes bewußter Akt geistiger Tätigkeit. Vielmehr läßt sich eine weitgehende Parallelität zwischen „Traumarbeit" und künstlerischer Betätigung feststellen.[202] „Die schöpferische Tätigkeit des Künstlers enthält Momente der Regression in frühere Stadien der geistigen Entwicklung, da sie Formen der geistigen Tätigkeit ins Spiel bringt, die sich sonst nur im Traum oder in traumähnlichen Zuständen kundtun."[203] Bereits *Freud* ging davon aus, daß der künstlerische Prozeß mit dem Vorgang der Symptombildung bei den Neurosen eng verwandt sei[204], ohne allerdings die Frage nach dem Wesen der „noch immer rätselhaften künstlerischen Begabung" zu beantworten.
Die Rechtswissenschaft hat sich dieser Fragen ebenfalls angenommen[205], obgleich der schöpferische Prozeß als solcher nicht Gegenstand des Urheberrechts ist. Das Schöpferische wird urheberrechtlich erst relevant, wenn es – wie bereits dargelegt – in einer Dritten sinnlich wahrnehmbaren Formgestaltung aufgeht. Die Problematik besteht nun aber darin, daß das Urheberrecht sich einerseits nur mit der Konkretisierung eines geistig-ästhetischen Gehalts zu beschäftigen hat, daß es andererseits gerade im Hinblick auf diesen Gegenstand den Begriff der persönlichen geistigen Schöpfung definieren muß und sich dabei auf ein Gebiet – eben das des schöpferischen Prozesses – begibt, das der Formgestaltung gewissermaßen vorgelagert ist. So wird die künstlerisch-schöpferische, geistige Tätigkeit eines Komponisten beispielsweise plötzlich zum Gegenstand urheberrechtlicher Betrachtung, obgleich sie der Konkretisierung individueller musikalischer Vorstellungen vorangeht. Solange sich die Lehre dabei lediglich der Phantasie, Intuition, Spontaneität und ähnlicher

---

[200] Die Psychologie bezeichnet damit den Prozeß des Schöpferischen, vgl. *Krause*, S. 55; neuerdings wird darunter auch die Fähigkeit zu schöpferischer Betätigung verstanden, vgl. *Krause*, S. 34 f.

[201] Vgl. *Krause*, S. 53 ff.

[202] *Krause*, S. 141; *Schramm*, S. 179.

[203] *Koestler*, S. 177.

[204] Zitiert nach *Krause*, S. 56 f., m. w. N.; *Schramm*, S. 8 f.: „Von schizothym über schizoid zur Schizophrenie ist nur ein gradueller Übergang."

[205] *Schramm*, Die schöpferische Leistung.

Kategorien als Gradmesser des Schöpferischen bedient, können zwar – vom Standpunkt phänomenologischer Betrachtung – weiterhin methodische Bedenken erhoben werden. Daß es sich dabei aber um Kategorien des Schöpferischen handelt, wird kaum zu bestreiten sein, ganz unabhängig davon, was man im einzelnen darunter versteht. Demgegenüber muß vom menschlichen Wollen gesagt werden, daß es nach den Aussagen der Kreativitätstheorien der empirisch-experimentellen Psychologie und der psychoanalytischen Theorie als Kategorie des Schöpferischen keine Rolle spielt. Unter den gegebenen Umständen erscheint es nicht gerechtfertigt, den Willen des Komponisten als ein Schutzkriterium in das Urheberrecht einzuführen.

Die Berufung auf die angebliche Notwendigkeit der Entstehung eines Werkes aus dem Willen des Urhebers würde im Hinblick auf sämtliche aleatorischen Verfahren zeitgenössischen Kunstschaffens zu einer die Grundlagen des Urheberrechts erschütternden Konfrontation führen, je nachdem, ob man eine willentlich geistige Tätigkeit als Schutzvoraussetzung anerkennt oder nicht[206].

cc) Der Akt der Formgestaltung

Weniger problematisch stellt sich die Frage nach der Erheblichkeit willentlicher Betätigung des Urhebers auf dem Gebiet des schöpferischen Prozesses im weiteren Sinne, dem Akt der Formgestaltung dar[207]. Grundsätzlich kann davon ausgegangen werden, daß die Formgestaltung bewußt und gewollt erfolgt[208]. Aber auch die unbewußte und nicht gewollte Formgestaltung kann urheberrechtlichen Schutz erlangen, sofern die üblichen materiellen Schutzvoraussetzungen erfüllt sind. So wird beispielsweise ein Organist unter Verzicht auf die bewußte Kontrolle des Intellekts in der Lage sein, einem individuellen musikalischen Gedanken im Wege der Improvisation Gestalt zu verleihen. Das Gleiche gilt für jede Art künstlerischer Gestaltung beispielsweise unter der Einwirkung von Dro-

---

206 Der Gegensatz zwischen nominalistischer und phänomenologischer Betrachtungsweise hat bislang noch nicht zu derartig schwerwiegenden Differenzen geführt.

207 Die Gestaltung bezeichnet so wie der Begriff der Schöpfung zugleich das Schaffen und sein Ergebnis, das Werk. Letzteres ist bereits allgemein behandelt worden, hier geht es also nur noch um das künstlerische Schaffen, um den Akt der Formgestaltung.

208 *Schramm*, S. 41.

gen. Gerade in diesen Fällen kann der Verzicht auf bewußte Kontrolle des Intellekts nicht mehr zu einer „gewollten" Gestaltung führen, dazu fehlt es an den bewußten Motiven und vor allem an einer eigenen Zielsetzung des Künstlers. Dieser Effekt wird von ihm mitunter geradezu bezweckt, denn „ein zeitweiliger Verzicht auf bewußte Kontrolle befreit den Intellekt von Beschränkungen, die notwendig sind, um die ausgebildeten Routinen unseres Denkens aufrechtzuerhalten, andererseits aber den schöpferischen Aufschwung hemmen können"[209].
Ob man diese Fälle gleich den Schöpfungen von Geisteskranken behandeln kann, die bei Vorliegen der Voraussetzungen im übrigen Urheberrechtsschutz beanspruchen können, erscheint zweifelhaft, ist letztlich aber auch nicht entscheidend[210]. Denn es ist kein Grund ersichtlich, weshalb den Schöpfungen, die unter freiwilligem Verzicht auf bewußte Kontrolle der Gestaltung zustandegekommen sind, der urheberrechtliche Schutz verwehrt werden sollte.

dd) Zusammenfassung

Der Grundsatz, wonach es für den Werkcharakter nicht darauf ankommt, ob der betreffende Urheber den Willen gehabt hat, ein Werk im urheberrechtlichen Sinne zu schaffen, kann in vollem Umfange aufrecht erhalten werden. Die Verwendung von Computern bei der Herstellung von Musikwerken (und Werken allgemein) erfordert keine Ausnahme von diesem Grundsatz. Eine andere Beurteilung würde zu zweierlei Maß für die Zubilligung urheberrechtlichen Schutzes führen.
Der Satz, wonach „die mit Hilfe komplizierter technischer Geräte" entstehende Musik „vom Willen des Komponisten" abhängen müsse, kann nicht wörtlich verstanden werden. Er ist allenfalls dahin zu interpretieren, daß der Komponist mit seinem Werk in der Entstehung verbunden sein muß. Es muß daher genügen, daß der Komponist eines computer-erzeugten Werkes als dessen conditio sine qua non erscheint.

---

[209] *Koestler*, S. 177.
[210] Entgegen *Möhring* in UFITA, aaO. S. 842 beruht die Gewährung von Schutz weniger auf der Erkenntnis, daß auch Kinder und Geisteskranke „Persönlichkeiten" sind, sondern in erster Linie darauf, daß künstlerisches Schaffen ein Realakt ist und demgemäß die mangelnde Geschäftsfähigkeit keine Rolle spielt. In den oben genannten Fällen der künstlerischen Gestaltung unter Drogeneinfluß ist aber nicht allein die Geschäftsfähigkeit betroffen, sondern die Handlungsfähigkeit, so daß möglicherweise nicht einmal mehr von einer Handlung

c) *Zufall und musikalische Gestaltung*

Die Bedeutungslosigkeit einer bewußten und willentlichen Tätigkeit des Komponisten heißt nicht, daß „bloße Produkte des Zufalls, der Laune oder spielerischen Kombination“[211] ohne weiteres Urheberrechtsschutz erlangen können. Letztlich entscheidet darüber die Individualität des Erzeugnisses. Es begegnet daher erheblichen Bedenken, wenn *Ulmer* zwischen diesen Produkten einerseits und Werken, die einen „von bildnerischer Phantasie geleiteten Gestaltungswillen“ erkennen lassen andererseits abzugrenzen versucht, ganz abgesehen davon, daß *Ulmer* insoweit nur die bildende Kunst berücksichtigt.
Aus den Darlegungen zum allgemeinen Werkbegriff (vgl. Ausführungen oben, 1. Kap. A.III.2.a) ergibt sich, daß auch der Satz *Gerstenbergs*, wonach „echte Kunstwerke“ ihre Entstehung nicht dem Zufall, sondern dem Zutun ihrer Urheber verdanken, stellvertretend für die herrschende Lehre zitiert werden kann.
Weder *Ulmers* noch *Gerstenbergs* Stellungnahmen lassen den Versuch erkennen, dem Einfluß des Zufälligen im zeitgenössischen Kunstschaffen, insbesondere der Verwendung aleatorischer Momente in der Musik, gerecht zu werden[211a]. Im Gegenteil, der Gebrauch des Wortes „Zufall“ als eine gewissermaßen mystische Kategorie verdeckt das Problem und läßt eine sachliche Auseinandersetzung kaum zu.
Aleatorische Verfahrensweisen, die zunächst als eine Bereicherung der sog. Reihentechnik in die Musik eingeführt worden sind[212], haben sich mittlerweile zu einem Gestaltungsprinzip in allen musikalischen Bereichen entwickelt. Die weitest gehende Auffassung wird dabei von John *Cage* vertreten[213]. Eine vermittelnde Stellung hat *Lutoslawski* eingenommen,

---

im Rechtssinne gesprochen werden kann. Daraus folgt die zweifelhafte Gleichbehandlung.

[211] *Ulmer* in GRUR, aaO. S. 529.

[211a] Vgl. dazu die ebenfalls kritische Stellungnahme bei *Weissthanner*, II. Teil, III 4c, bb.

[212] Vgl. dazu *Meyers* Handbuch der Musik, S. 108 ff.

[213] „Die Musik, mit der ich mich beschäftige, muß nicht unbedingt Musik genannt werden. In ihr gibt es nichts, woran man sich erinnern soll. Keine Themen, nur Aktivitäten von Ton und Stille. Wem dies zu hören ein aufschlußreiches Erlebnis bedeutet, der wird bemerken, daß das Ohr das Tönende im Alltagsleben mit Freude und Befriedigung aufnimmt. Der ungerechten Auswahl ist ein Ende gesetzt, die Spaltung zwischen Geist und Ding, zwischen Kunst und Leben ist überwunden“, zitiert nach *Curjel* in Melos 1955, 97 ff., 100.

der eine sog. „begrenzte Aleatorik" befürwortet[214]. Für das Urheberrecht geht es dabei nur um die Tatsache, daß Zufallsentscheidungen sowohl die Hervorbringung eines Werkes als auch dessen Wiedergabe beeinflussen. Die mehr oder weniger ästhetisch motivierten Standpunkte der Musiktheorie können nicht berücksichtigt werden[215].

Betreffend die Fragen im einzelnen wird auf die nachfolgende Darstellung der Entwurfsmusik, der graphischen Partitur, der Interpretation u. a. verwiesen (vgl. nachfolgende Ausführungen B.I.).

Einen speziellen Fall aleatorischer Musik stellt die computer-erzeugte elektronische Musik dar. Hier bedient man sich eines Zufallsgenerators, einer Art elektronischen Würfelspiels[216], um Zufallsentscheidungen herbeizuführen. Auf die sich daraus ergebende Problematik ist im Zusammenhang mit der Erörterung der elektronischen Musik näher einzugehen (vgl. Ausführungen unten, 3. Kap.).

Lediglich in Erwiderung auf *Ulmer* und *Gerstenberg* sei hier festgestellt, daß das Urheberrecht über die Verwendung des Zufalls in der Musik nicht mit einem Satz hinweggehen kann, es kann nicht um einer Begriffsbestimmung willen die neuen Dimensionen zeitgenössischen Musikschaffens außer acht lassen. Auch das Urheberrecht muß davon Kenntnis nehmen, daß die musikalische Entwicklung in ihrer Gesamtheit neuer Maßstäbe bedarf. Eine Musik, die einerseits ebenso exakt entworfen und ausgeführt werden kann, wie Maschinen oder Brücken[217], die andererseits in die Disposition des Interpreten gestellt, mehr oder weniger von der Auswahl des Zufallsgenerators oder rein mathematischer Gesetzmäßigkeiten abhängig ist, darf nicht schon deswegen vom musikalischen Urheberrechtsschutz ausgeschlossen werden, weil sie mit dem überkommenen Musikwerk-Begriff nicht ohne weiteres übereinstimmt. Wenn sich im Gegensatz zu früher der Zufall als musikalisches Gestaltungsmittel durchgesetzt hat, wenn also Komponisten vom Zufall bewußt und absichtsvoll Gebrauch machen, um damit musikalische Eindrücke zu erzielen, worin liegt hier der urheberrechtlich so erhebliche Unterschied, der es recht-

---

[214] *Lutoslawski* in Melos 1969, 457 ff.; vgl. auch *Heiss* in Melos 1959, 216 ff.; ablehnend u. a. L. *Nono*, Darmstädter Beiträge zur Neuen Musik III, S. 41 ff.

[215] *Roeber*, S. 54; *Troller*, Urheberrecht und Ontologie, S. 385 ff., 387; *Arndt* in NJW 1966, 26 ff., 27.

[216] *Fuchs*, S. 310.

[217] Joseph *Schillinger*, vgl. dazu *Prieberg*, Musik des technischen Zeitalters, S. 162, 163, der auf Schillinger Bezug nimmt.

fertigen würde, die Grenzen für die Schutzgewährung entsprechend den Vorschlägen *Ulmers* oder *Gerstenbergs* zu ziehen? Am Mangel des Ausdrucks der Persönlichkeit im Werk kann es nach den bisherigen Feststellungen jedenfalls nicht liegen.

II. Die Musik als Kunstwerk

Die Musik als persönliche geistige Schöpfung muß schließlich als urheberrechtsschutzfähiges Werk dem Bereich der Kunst angehören (§ 2 Abs. 1 Ziff. 2 UG). Zwar handelt es sich dabei – wie bereits dargelegt – lediglich um eine unechte Schutzvoraussetzung, es entspricht aber dem Willen des Gesetzes, nur denjenigen Schöpfungen Urheberrechtsschutz zu gewähren, die der Literatur, Wissenschaft oder Kunst zuzuzählen sind[218].

Was den Begriff der „Kunst" betrifft, so muß dieser für alle Werkarten gleich interpretiert werden[219]. Es kann also keinen speziellen Kunstbegriff etwa für die Werke der Musik geben.

Die Rechtsprechung versteht unter einem Kunstwerk eine eigenpersönliche geistige Schöpfung, „die mit den Darlegungsmitteln der Kunst durch formgebundene Tätigkeit hervorgebracht und vorzugsweise für die Anregung des ästhetischen Gefühls durch Anschauung bestimmt ist"[220]. Hierzu hat bereits *Samson* zu Recht kritisch bemerkt, daß der Begriff des Kunstwerkes zum Teil durch sich selbst definiert wird und darüber hinaus nicht auf Musikwerke paßt[221], da diese nicht „durch Anschauung" wahrzunehmen sind.

Nach der Rechtsprechung soll unter einem Kunstwerk auch eine Schöpfung individueller Prägung verstanden werden können, „deren ästhetischer Gehalt einen solchen Grad erreicht hat, daß nach den im Leben herrschenden Anschauungen noch von Kunst gesprochen werden kann"[222]. Abgesehen davon, daß der „ästhetische Gehalt als „terminus

---

218 *Samson*, S. 12, 13.

219 *Samson* in UFITA, aaO. S. 133; *Ulmer* in GRUR, aaO. S. 529.

220 RGSt 43, 330; RGZ 71, 355; 124, 71; 135, 387; 139, 217; 142, 216 155, 199; BGHZ 5, 1 (Hummelfiguren I); 16, 4, 6; 22, 209 = UFITA Bd. 23 (1957) S. 207; Schulze OLGZ 67.

221 *Samson* in UFITA, aaO. S. 131.

222 BGHZ 16, 4 = UFITA Bd. 20 (1955) S. 122 (Zwischenmeister); 22, 210 ff., 214 = GRUR 1957, 291 (Europapost).

technicus ebenso barbarisch wie unbrauchbar" ist[223], fehlen auch dieser Definition spezifische Kriterien für das Künstlerische[224]. Im übrigen ist auch das Abstellen auf die im Leben herrschenden Anschauungen nicht unbedenklich, worauf bereits *Ulmer* hingewiesen hat[225].
Die Rechtslehre hat ebenfalls Anstrengungen unternommen, das Kunstwerk im Sinne des Urheberrechts zu definieren. Auch hier können die Versuche der älteren Lehre unberücksichtigt bleiben.
Troller hat – wie bereits dargestellt – den Begriff des „ästhetischen Werkes" geprägt (vgl. Ausführungen oben, 1. Kap. A.III.1.a). Nach *Ulmer* vermag der Begriff des Ästhetischen jedoch den des Künstlerischen nicht auszuschöpfen[226]. Daher spricht *Ulmer* insoweit von einer „auf bildnerischer Phantasie beruhenden Gestaltung." Ähnlich *Ulmer* bezieht allerdings auch *Gerstenberg* seine Kunstwerkdefinition lediglich auf Werke der bildenden Kunst und versteht darunter „eine Schöpfung mittels Farben und Formen, die auf der freien Phantasie des Urhebers beruht, in Konzeption und Ausführung künstlerische Gestaltungshöhe aufweist und – dem Durchschnittsfachmann erkennbar – die Handschrift seines Schöpfers trägt"[227].
Die überwiegende Beschränkung der Lehre auf Werke der bildenden Kunst legt die Vermutung nahe, daß es auch für die Rechtslehre einen einheitlichen Kunstwerkbegriff nicht gibt. Mit *Samson* ist daher zu fragen, worin die Besonderheiten der speziellen Kunstbegriffe liegen sollen[228].
Soweit das Bundesverwaltungsgericht[229] den Unterschied zwischen dem Kunstbegriff nach dem Gesetz über die Verbreitung jugendgefährdender Schriften und dem Urheberrechtsgesetz damit begründet, dort gehe es um das Werk selbst, hier aber um den Schutz des Urhebers, ist dem entgegenzuhalten, daß das Urheberrechtsgesetz auf dem Boden des sog. Werkschutzes steht. In erster Linie geht es also auch hier um das Werk

---

[223] Vgl. Anm. 31.
[224] Entsprechend die Kritik *von Hartliebs* in UFITA Bd. 51 (1968) S. 16 und 24 an OVG Rheinland-Pfalz (UFITA Bd. 50 [1968] S. 750) sowie an *v. Mangoldt-Klein*, Kommentar zum Bonner Grundgesetz Art. 5, Anm. X.3, die die Definition dem Großen Brockhaus entnommen haben: „Gestaltung eines seelisch-geistigen Gehalts durch eigenwertige Form nach bestimmten Gesetzen."
[225] *Ulmer*, S. 127, 128.
[226] dto.
[227] *Gerstenberg*, § 2 Anm. 6.
[228] *Samson* in UFITA, aaO. S. 133.
[229] BVerwG in UFITA Bd. 50 (1967) S. 718 ff., 727.

selbst. Allein das Werk, das bestimmten Voraussetzungen genügt, läßt das Urheberrecht als subjektives Recht entstehen. Die Frage nach den angeblichen Besonderheiten der speziellen Kunstbegriffe ist damit jedenfalls nicht beantwortet.

Von Hartlieb, der seine Definition lediglich auf die Kunst im Sinne des Art. 5 Abs. 3 GG bezieht, verlangt die „Gestaltung eines geistig-seelischen Gehalts, deren Wesensmerkmal in der Phantasie und im Ästhetischen liegen, und die ein Mindestmaß an gestalteter Qualität aufweist"[230]. Die Beschränkung dieser Begriffsbestimmung auf die Kunst im Sinne des Art. 5 Abs. 3 GG ist wohl darauf zurückzuführen, daß die Erörterungen von *Hartliebs* weniger unter urheberrechtlichen als verfassungsrechtlichen Gesichtspunkten erfolgt sind. Jedenfalls ist kein Grund ersichtlich, der gegen eine Übernahme dieser Definition in das Urheberrecht sprechen könnte[231].

Von Hartlieb stimmt mit *Troller* insofern überein, als beide im Ästhetischen nicht den Begriff des Schönen, sondern die sinnliche Wahrnehmbarkeit, die Versinnlichung der künstlerischen Idee erblicken (ästhetische Komponente)[232]. Mit *Ulmer* verbindet ihn der Begriff der Gestaltung, die hier wie dort als die individuelle Konkretisierung des Werkes verstanden wird, wobei auch *von Hartlieb* nicht allein auf das Ästhetische, sondern auch auf die dem Werk zugrundeliegende Phantasie des Urhebers abstellt (Phantasie-Komponente). Schließlich findet auch das für erforderlich gehaltene „Mindestmaß an gestalteter Qualität" seine Parallele in der von *Gerstenberg* vorgeschlagenen „künstlerischen Gestaltungshöhe" (Qualitäts-Komponente)[233].

Welches Maß allerdings erforderlich und ausreichend ist, damit von einem Kunstwerk im Sinne des Urheberrechts gesprochen werden kann, darüber sagt auch *von Hartliebs* Definition letztlich nichts aus.

Hier liegen ein weiteres Mal die Grenzen rechtswissenschaftlicher Erkenntnis. Nichts kann das Urheberrecht zwar daran hindern, einen „ästhetischen Schwellenwert" normativ zu bestimmen und die Schutzgewährung davon abhängig zu machen, daß ein Mindestmaß an Qualität erreicht wird. Aber ohne daß für die urheberrechtliche Beurteilung insoweit

---

[230] *von Hartlieb*, aaO.
[231] So bereits *Samson* in UFITA, aaO. S. 135.
[232] *von Hartlieb*, aaO. S. 21.
[233] Vgl. Anm. 65 und 150.

eindeutige Kriterien zur Verfügung gestellt werden, wäre eine solche Forderung Willkür.
Die Rechtsprechung des Bundesgerichtshofes scheint aus dem Mangel eindeutiger Kriterien insoweit die richtige Konsequenz gezogen zu haben. Denn der Bundesgerichtshof prüft in Anlehnung an die alte Rechtsprechung des Reichsgerichts nur, ob durch das Mittel der Sprache eine schöpferische geistige Leistung erbracht wird, aber nicht, ob dieses Sprachwerk und ob die schöpferische geistige Leistung sich nur auf ein Werk der Literatur, Wissenschaft oder Kunst beziehen[234]. Man mag darin einen Widerspruch zu § 2 Abs. 1 UG sehen, worin die Zugehörigkeit eines Werkes zum Bereich der Literatur, Wissenschaft und Kunst ausdrücklich verlangt wird. Jedenfalls bleibt festzustellen, daß das Wesen des Kunstwerks für den urheberrechtlichen Gebrauch nicht geklärt ist. So hätte es beispielsweise *Schmieder* im Hinblick auf § 1 UG bereits für ausreichend gehalten, zu sagen: „Die Urheber genießen für ihre geistigen Werke Schutz nach Maßgabe dieses Gesetzes"[235]. Entsprechendes würde für § 2 Abs. 1 UG zu gelten haben.

---

[234] UFITA Bd. 28 (1959) S. 208 BGH in GRUR 1959, 251 = (Einheitsfahrschein); UFITA Bd. 36 (1962) S. 229 BGH in GRUR 1962, 51 f., = (Zahlenlotto); vgl. dazu vor allem *Samson*, S. 14, der nicht die Schutzfähigkeit gemäß § 2 Abs. 2 UG zuerst geklärt sehen will, sondern verlangt, daß zunächst festgestellt wird, ob überhaupt ein Werk der Literatur, Wissenschaft und Kunst vorliegt. *Samson* kann insoweit allerdings nicht gefolgt werden, vgl. dazu Ausführungen oben, 2. Kap. A.I. Anfang.

[235] *Schmieder* in GRUR 1968, 80.

B. Der Musikwerk-Begriff nach Kummer

Was zu *Kummers* phänomenologischer Betrachtungsweise im allgemeinen zu sagen war, gilt auch hier (vgl. Ausführungen oben, 1. Kap. B.I.1.).
Kummer hat zu verschiedenen Phänomenen des zeitgenössischen Musikschaffens und der Musikausübung Stellung genommen: Musik und Geräusch, serielle, elektronische und konkrete Musik, Zufall im kompositorischen Schaffen, Interpretation, um nur die wichtigsten zu nennen. Darauf wird im folgenden einzugehen sein.
Soweit sich *Kummer* auch mit den Musikerzeugnissen des Computers befaßt hat, sei auf die Ausführungen im dritten Kapitel der vorliegenden Arbeit verwiesen.

I. Darstellung und Stellungnahme

1. Grundsätzliches

Wie bereits im Rahmen der Untersuchung des allgemeinen Werkbegriffs gelangt *Kummer* auch im Hinblick auf das schützbare Musikwerk zu dem Ergebnis, daß dem Recht keine andere Kategorie verfügbar sei, als das Merkmal der Individualität im Sinne der „statistischen Einmaligkeit“[236]. Individuell ist danach jede Kombination von Tönen oder Geräuschen, „die keiner anderen Komponistenphantasie zufällig genau gleich entspringen könnte“.
Demgemäß ist die bereits oben vorgeschlagene Definition des Musikwerks (vgl. Ausführungen oben A.I.2.a am Ende) mit der *Kummerschen* Auffassung vereinbar. Zu ergänzen wäre lediglich, daß auch die Gestaltung akustischer Erscheinungen ihre Individualität nicht allein aus der entstehungsmäßigen Verbindung des Werkes zum Menschen empfängt.

2. Elektronische und konkrete Musik sowie Geräuschkulissen

Daß elektronische und konkrete Musik sowie Geräuschkulissen dem hergebrachten Musikbegriff fremd sind, ist urheberrechtlich irrelevant. „Denn diese akustischen Ereignisse sind nicht minder zweckfreie Hervorbringun-

---

[236] *Kummer*, S. 141 ff.

gen als andere, sich ebenfalls außerhalb überlieferter Auffassung stellende Äußerungen moderner Kunst."[237]
Es bedarf insoweit keines weiteren Hinweises darauf, daß weder das verwendete Material noch das Verfahren für *Kummer* eine entscheidende Rolle spielen.

3. Serielle Musik und Zufall

Auch die angeblich totale Prädeterminiertheit der seriellen Musik, sagt *Kummer*, stelle deren Individualität nicht in Frage. Trotz ihres anti-romantischen Einschlags und ihrer Abhängigkeit von mathematischer Gesetzmäßigkeit sei auch sie nicht bloßer Vollzug von Anweisungen. Dafür spreche bereits die unvorstellbare Vielzahl von Möglichkeiten, die sich aus einer Zwölftonreihe für die serielle Umwandlung ergeben. Trotz ihrer „Despotie" erzeuge die Reihe daher Musikwerke, „die alle Eigenschaften der Individualität nicht weniger aufweisen als irgendeine Musik"[238].
Entsprechend sei die mit Hilfe des Zufalls komponierte Musik zu behandeln. Dies ergebe sich bereits aus der Parallele zur seriellen Musik, bei der der Zufall insofern eine erhebliche Rolle spiele, als der Komponist die Töne nicht mehr nach seinem musikästhetischen Empfinden setze, sondern sie so hinnehme, wie die Reihentonentwicklung sie ihm liefere[239].
Die von *Kummer* angesprochene Verwandtschaft zwischen serieller Musik und aleatorischen Verfahrensweisen liegt nicht offen zutage, unterwirft sich doch der Komponist etwa im Falle der Zwölftonmusik scheinbar strengster Gesetzmäßigkeit[240]. So hat der Komponist zunächst die Reihe aufzustellen, und diese Reihe, die eine bestimmte Reihenfolge der einzelnen Töne impliziert, ist nach bestimmten Schemata laufend zu permutieren, das heißt die einmal gewählte Reihenfolge der Töne darf nur ein einziges Mal benutzt werden. Die Reihenfolge der Töne wird also jeweils

---

[237] *Kummer*, S. 146; zur sog. Zweckfreiheit vgl. Ausführungen oben, 1. Kap. B.I.2 Anm. 113).
[238] *Kummer*, S. 150 bemerkt, daß bei der seriellen Musik bereits so etwas wie eine „Programmierung" anzutreffen sei: „Der Autor legt ein bestimmtes Programm fest; dessen Ausführung läßt das Musikstück entstehen. Offenbar genauer Vorläufer des Computerprogramms."
[239] *Kummer*, aaO.
[240] Die Zwölftonmusik ist zwar nicht die einzige, wohl aber die wichtigste Erscheinungsform der auf einer Reihentechnik aufgebauten Kompositionsweise, vgl. *Meyers* Handbuch der Musik, S. 108 ff.

aufgegeben zugunsten einer ständigen Veränderung. Das bedeutet eigentlich die *Introduktion* des *Zufallsprinzips* in die Musik. Denn wenn die ständige Veränderung einer Reihenfolge von Tönen zum Prinzip erhoben wird und diese Reihenfolge – wie in der Zwölftonmusik – nur insoweit bedeutsam ist, als sie sich nicht wiederholt, so kann die Reihenfolge ebensogut durch den Zufall bestimmt werden.
So erweist sich gerade am Beispiel der Zwölftonmusik die Vordergründigkeit des Satzes, wonach „echte" Kunstwerke ihre Entstehung nicht dem Zufall, sondern dem Zutun ihrer Urheber verdanken (vgl. Ausführungen oben A.I.2.c)[241]. Denn die Schutzfähigkeit der seriellen Musik steht heute jedenfalls außer Frage[242]. Es ist *Kummer* also zuzustimmen, wenn er aus der aufgezeigten Verwandtschaft zwischen serieller Musik und aleatorischen Verfahrensweisen auf die Schutzfähigkeit der mit Hilfe des Zufalls komponierten Musik schließt[243].

4. Entwurfsmusik und musikalische Graphik

Auch über die Schutzfähigkeit der sog. Entwurfsmusik läßt *Kummer* allein deren Individualität entscheiden.[244]. Die Freiheit des Interpreten bei der Ausführung eines solchen Entwurfs vergleicht er mit dem Entwurf eines Werkes der bildenden Kunst oder der Literatur in der Hand verschiedener Überarbeiter. Der gleiche Entwurf werde in der Hand verschiedener Überarbeiter jedesmal eine andere Gestalt annehmen. Aber all das wirke

---

[241] Aufschlußreich ist in diesem Zusammenhang *Boulez*' Zitat betr. die serielle Kompositionsmethode: „Meiner Erfahrung zufolge ist es unmöglich, alle Möglichkeiten vorauszusehen, die an einem Ausgangsmaterial einbeschrieben sind. So genial man auch immer wäre in derartiger Vorahnung, in solchem Blicke der Einschätzung – der Expertise –, scheint mir vor allem, das Komponieren wäre damit vorab seiner eminentesten Tugend beraubt: der Überraschung", zitiert nach *Heiss* in Melos 1959, 216 ff., 218.

[242] *v. Gamm*, § 2 Rdz. 19; *Möhring-Nicolini*, § 2 Anm. 4.

[243] In diesem Zusammenhang sei darauf hingewiesen, daß bereits *Mozart* u. a. die Möglichkeiten der automatischen Komposition untersucht haben. So hat *Mozart* versucht, mit Hilfe eines Würfels Musik zu schaffen. Er hat eine „Anleitung zum Componieren von Walzern so viele man will vermittelst zweier Würfel ohne etwas von der Musik oder Composition zu verstehen" veröffentlicht (Simrock, Berlin). Außerdem existieren Skizzen und Entwürfe, so zu dem Adagio KV 516, die darauf schließen lassen, daß *Mozart* auch in eigenen Werken mit aleatorischen Verfahrensweisen experimentiert hat. Vgl. dazu *Prieberg*, Musica ex machina, S. 106 ff. m. w. N.

[244] *Kummer*, S. 87 ff.

nicht derweise auf den Entwurf zurück, daß er Individualität verlöre. Bei der sog. Entwurfsmusik verhalte es sich ebenso. Der Entwurf möge noch so rudimentär sein, er stelle doch zumindest ein festgefügtes Gerüst dar oder doch einzelne festgefügte Teile, und was schriftlich festgelegt sei, sei insoweit auch konkretisiert und – Individualität vorausgesetzt – schützbar[245].
Hand in Hand mit der Entwicklung, Musik zu „entwerfen" geht die Verwandlung der Partitur im herkömmlichen Sinn in eine graphische Darstellung. Tatsächlich verlieren Partituren zeitgenössischer Komponisten zunehmend ihren ursprünglichen Anweisungs- bzw. Realisationscharakter, sie sind nicht mehr im eigentlichen Sinne realisierbar[246]. Ob sie allerdings in „beliebige Musik" umgesetzt werden können – so *Kummer* – erscheint fraglich[247]. Die Komposition einer Entwurfsmusik setzt doch ein allgemeines musikalisches Bewußtsein, eine Art Klima der Aufführungspraxis voraus; ohne das wäre die Ausführung eines Entwurfs überhaupt nicht möglich, es sei denn, man läßt in der Tat eine Umsetzung in „beliebige Musik" zu. Dann wäre aber die Komposition eines Entwurfs völlig sinnlos. Der Komponist spielt gerade mit der Erkennbarkeit bzw. der Ausführbarkeit seines Entwurfs. Richtig ist allerdings, wie *Kummer* weiter feststellt, daß die „Notenschrift als Bild" keine eindeutigen musikalischen Phänomene mehr bezeichnet. Denn eine Eindeutigkeit im Sinne eines festgelegten Zeichenkodes, wie er etwa für die traditionelle Notation gilt, gibt es insoweit nicht[248]. *Kummer* folgert nun daraus, daß solche Blätter als Graphik geschützt werden müssen, soweit sie Graphik sein wollen, „und das müssen sie wollen im Rahmen dessen, was sie an präziser musikalischer Aussage aufgeben"[249]. Darüber hinaus greife der urheberrechtliche Schutz ein für die durch sie festgehaltenen musikalischen Vorstellungen (Klangbilder), soweit sie solche überhaupt kundtun.
Bemerkenswert an dieser Lösung ist, daß *Kummer* die eindeutige „Präsentation" graphischer Partituren als Spielanweisung übergeht und zu ei-

---

245 Vgl. dagegen *Fromm-Nordemann*, § 2 Anm. 11.
246 Vgl. *Stockhausen*, Darmstädter Beiträge zur Neuen Musik III, S. 5 ff. betr. Musik und Graphik.
247 *Kummer*, S. 98 ff.
248 Es sei denn, die verwendeten Symbole werden vorher eindeutig definiert, vgl. z. B. Cornelius *Cardew*, Piano Piece, 1960, Darmstädter Beiträge zur Neuen Musik III, S. 11.
249 *Kummer*, S. 99.

ner Fiktion greift, um den Schutz der „Notenschrift als Bild" zu ermöglichen. Eine Partitur – und bleiben ihre Anweisungen auch noch so sehr im musikalisch Unbestimmten – kann keine „Grafik" „sein wollen", es sei denn, der Komponist selbst „präsentiert" sie als solche[250]. Jedenfalls wäre dies die konsequente Fortführung der – allerdings bereits abgelehnten – *Kummerschen* Präsentationstheorie[250a].

Im übrigen läßt *Kummer* hier den Unterschied zwischen Kunstgraphik und Gebrauchsgraphik außer acht. Während jene ihren Zweck in sich selber hat, ist diese dazu bestimmt, musikalisch aufgeschlüsselt zu werden. Kunstgraphik muß in der Regel nicht in einer bestimmten Richtung „gelesen" werden, dagegen wird man im Falle der graphischen Partitur einer bestimmten Richtung zu folgen haben. Die meisten musikalischen Graphiken stellen also keine Graphiken im eigentlichen Sinn, sondern Diagramme dar. Zwar kann der Musiker dem Kunstgraphiker ins Gehege kommen, wenn er Zeichnungen anfertigt, die keine bestimmte Leserichtung verlangen und musikalisch nicht aufgeschlüsselt werden können. Aber wenn es der erkennbare Zweck auch einer solchen Graphik ist, den Interpreten wenigstens zu „analogen Klangbildern" zu führen, so gibt es keinen zwingenden Grund, diese „Partituren" nicht mehr als Musikwerke zu schützen.

Nun versteht man *Kummer* sicherlich richtig, wenn man die mangelnde musikalische Eindeutigkeit auch als einen möglichen Einwand gegen die Schutzfähigkeit solcher Gebilde überhaupt erkennt. So wird denn auch bereits von *Fromm-Nordemann* die Auffassung vertreten, daß im Falle der Entwurfsmusik möglicherweise kein Werk mehr im Urheberrechtssinn, allenfalls „ein *unvollkommenes* Werk" vorliege[251]. Damit stellt sich im Hinblick auf die entwurfsmäßige Kompositionsweise zeitgenössischer Komponisten die Frage, ob musikalische Phänomene überhaupt eindeutig beschrieben bzw. Werke weitgehend auskomponiert sein müssen, damit der Urheberrechtsschutz eingreifen kann.

Zur Beantwortung dieser Frage vergegenwärtige man sich zunächst eine

---

[250] Das wird wohl nur ausnahmsweise der Fall sein, so etwa Earl *Brown*, vgl. dazu G. *Ligeti*, Wandlungen der musikalischen Form, Reihe, Heft VII, S. 5 ff., 14 Anm. 34.

[250a] Vgl. dazu auch *Weissthanner*, II. Teil, III 5a, die unter Außerachtlassung der *Kummerschen* Präsentationstheorie den Schutz einer rein graphischen Partitur als „autonome Graphik" dogmatisch überzeugend begründen kann.

[251] *Fromm-Nordemann*, § 2 Anm. 11.

der Entwurfsmusik und musikalischen Graphik entgegengesetzte Tendenz in der neueren Musik, die Tendenz zur mathematischen Formel[252]. Derartige Formeln haben dort ihren Sinn, wo sie realisierbar sind, also etwa im Bereich der elektronischen Musik. Dabei steht fest, daß ein musikalisches Phänomen wie der Ton nicht eindeutiger bezeichnet werden kann als mittels physikalischer Definition. Weit weniger eindeutig in diesem Sinn ist bereits die traditionelle Notation einschließlich der von ihr verwendeten termini technici, angefangen bei den Tempobezeichnungen bis hin zu den Ausdrucksbeschreibungen. Der Mangel an Eindeutigkeit insoweit ist vom Urheberrecht allerdings bislang als solcher nicht empfunden worden, zu Recht, denn eine Notation, die den Klang bis in die letzten physikalischen Einzelheiten bestimmt, würde den Interpreten überfordern. Eine exaktere Beschreibung musikalischer Phänomene wäre normalerweise vollkommen sinnlos. Die Eindeutigkeit der durch Beschreibung zu vermittelnden musikalischen Phänomene ist also zum einen davon abhängig, welche Vorstellung der Komponist überhaupt vermitteln *will*, zum anderen davon, welche er unter gegebenen Umständen sinnvollerweise vermitteln *kann*. Im Falle der Entwurfsmusik will der Komponist absichtlich keine Vorschriften, sondern lediglich eine Vorstellung von Musik vermitteln. Dazu wäre es sinnlos, sich einer Notation zu bedienen, die den Klang beschreibt. Die den Absichten des betreffenden Komponisten entsprechende Verfahrensweise ist vielmehr die Verwendung von Beschreibungen, die dem Interpreten die Hervorbringung des Klanges indizieren. Es ist ausschließlich Sache des Komponisten, wenn er nicht mehr das Klangphänomen selber, sondern nur noch die Richtung beschreibt, die der Interpret einschlagen soll. Der Anweisungsgehalt einer Partitur wird ebensowenig wie die Komposition selber davon betroffen, daß verschiedene Interpretationen ein und derselben Entwurfsschrift deren Bedingungen erfüllen können. Aber selbst eine „beliebige" Umsetzung des Entwurfs in Musik, die den ursprünglichen Vorstellungen des Komponisten zuwiderläuft, ist lediglich eine falsche" Interpretation, die das Werk des Komponisten nicht berühren kann. Insoweit kann nichts anderes gelten, als wenn „echte" Werke klassischer Komponisten beispielsweise „falsch" wiedergegeben werden.

Das Urheberrecht braucht sich im Anschluß an *Kummer* mit diesen Fragen nicht im einzelnen zu befassen, da auch über die zu schützende Entwurfsschrift bzw. die graphische Partitur nicht etwa deren Grad an musi-

---

[252] *Stockhausen*, aaO. S. 18.

kalischer Eindeutigkeit, sondern allein deren Individualität entscheidet[252a]. Bereits aus grundsätzlichen Erwägungen kann es insoweit auch nicht darauf ankommen, ob man die Entwurfskompositon als vollendetes oder unvollendetes Werk ansieht. Daher ist die Qualifikation eines in jedem Falle „unvollkommenen" Werkes, die *Fromm-Nordemann* vertreten, nach dem Gesagten nicht nur falsch, sondern für die urheberrechtliche Betrachtung auch völlig unerheblich.

5. Interpretation

a) Interpretationen ohne Werkcharakter

In der Frage der Interpretation folgt *Kummer* grundsätzlich der Auffassung, daß Interpret und Urheber etwas wesensmäßig Verschiedenes leisten (vgl. Ausführungen oben A.I.1.b Anm. 185)[253]. Wer ein Werk schaffe, dürfe sich nicht eng an eine Vorlage anlehnen, andernfalls er eine unzulässige Nachahmung begehe. Die Interpretation eines Musikwerkes aber sei die Befolgung einer Vorlage und neige deshalb dazu, eine für die Rechtsanwendung praktikable Individualität nicht aufkommen zu lassen, „eine Individualität, die nun in der Tat sehr oft um so mehr verblaßt, je werkgetreuer, mithin je besser und schutzwürdiger die Interpretation ist"[254].
In der Interpretation alter Musik glaubt *Kummer* einen Sonderfall sehen zu können. Hier gehe es darum, das überlieferte Klangbild möglichst authentisch wiedererstehen zu lassen. Selbst dort, wo der Interpret alter Musik improvisiere oder verziere, tue er dies mit dem Anspruch, das authentische Klangbild vorzulegen. Die Interpretation alter Musik sei also genau das, was das Wesen jener Interpretation ausmache, die außerhalb des Werkbegriffes steht[255]. Gemeint ist damit also die „werkgetreue" Interpretation.
Bemerkenswerterweise bedauert *Kummer* den vermeintlichen Widerspruch zwischen der Werkschutz genießenden „flüchtig und locker hinge-

---

[252a] Vgl. auch die eingehende Stellungnahme bei *Weissthanner*, aaO. zur Schutzfähigkeit aleatorischer Kompositionen, die auf den „Verbindlichkeitsgrad" der Partitur für die klangliche Realisation abstellt. „Ist die Beziehung zwischen der kompositorischen Idee (Partitur) und ihrer Realisierung (musikalische Aufführung) durchbrochen, so hat der Komponist zwar eine künstlerische Idee konkretisiert, aber kein Werk der Tonkunst geschaffen."
[253] *Kummer*, S. 156 ff.
[254] *Kummer*, S. 158.
[255] *Kummer*, S. 159 ff.

worfenen kakophonischen Jazzimprovisation" und der angeblich „nach Ausbildung und Können ungleich anspruchsvolleren Wiedergabe alter Musik", die also nicht schützbar sei[256]. Mit dieser Äußerung steht *Kummer Ulmer* näher als er es selbst wahrhaben will, denn was *Kummer* hier bedauert, ist die Schutzlosigkeit einer seiner Auffassung nach besonders hoch stehenden künstlerischen Leistung.
Soweit *Kummer* der Interpretation den Werkcharakter grundsätzlich abspricht, kann ihm – zumal auf der Grundlage des deutschen Urheberrechtsgesetzes – ohne weiteres gefolgt werden. Die Begründung *Kummers* kann allerdings nicht unwidersprochen bleiben, insbesondere deswegen, weil davon seine m. E. unzutreffende urheberrechtliche Beurteilung der Interpretation alter Musik abhängt. *Kummer* sieht zunächst einen Widerspruch zwischen der Werktreue einer Interpretation und der Anerkennung schöpferischer Individualität. Da für ihn eine werkgetreue Interpretation identisch ist mit einer historisch treuen Wiedergabe[257], scheint dieser Widerspruch tatsächlich gegeben. Denn es ist klar, daß zum Zwecke der historisch treuen Interpretation, die gerade der „Annäherung an das Vorstellungsbild des Autors" dient, alle möglichen Veränderungen des Werkes durch Dritte unterdrückt werden müssen. Nun braucht man aber, um etwa *Bach* werkgetreu zu interpretieren, nicht gleich zur Barockfidel zu greifen. *Bach* auf modernen Instrumenten kann durchaus eine Authentizität im Sinne des Verständnisses erzeugen, das man von Bach im 20. Jahrhundert hat. Und wenn man erkennt, daß die Veränderung des Werkes durch die Interpretation dialektisch gerade auf der Treue gegen das Werk beruhen kann[258], so verliert der Begriff der Werktreue vollends an Eindeutigkeit. Das ändert nichts daran, daß der Begriff der Werktreue im Sinne *Kummers* nur als Traditionstreue verstanden werden kann. Damit löst sich aber der von *Kummer* bedauerte angebliche Widerspruch zwischen der Schutzlosigkeit einer „werkgetreuen" Interpretation und der „kakophonischen Jazzimprovisation", die Schutz genießt: denn die traditionstreue Interpretation ist weder „besser" noch etwa „schutzwürdiger" als jede andere individuelle Interpretation. – Eine ganz andere Frage ist, ob der historisierenden, rekonstruierenden Interpretation, die nichts weiter als überlieferte Bruchstücke zur Vorlage hat, Urheberrechtsschutz gewährt

---

[256] *Kummer*, S. 161.
[257] Er rückt sie sogar in die Nähe der wissenschaftlichen Aussage, *Kummer*, S. 161.
[258] *Adorno* in Neue Tempi, S. 82.

werden kann, eine Frage allerdings, die im Rahmen der Bearbeitung (§ 3 UG) grundsätzlich zu bejahen sein wird. Der Interpret ist in einem solchen Falle nicht auf den Leistungsschutz allein zu verweisen, denn er ist zugleich Interpret und Schöpfer einer Bearbeitung mit allen sich daraus ergebenden Rechten. Diesen Gesichtspunkt hat *Kummer* offensichtlich nicht berücksichtigt. Die „werkgetreue" Interpretation im Sinne *Kummers* ist also gegebenenfalls als Bearbeitung gemäß § 3 UG schützbar, sofern die allgemeinen Voraussetzungen hierfür erfüllt sind.

b) Interpretation mit Werkcharakter

Der „mitgestaltende Interpret" nimmt bei *Kummer* eine echte Sonderstellung ein, das heißt seine Interpretation genießt Werkcharakter und damit Urheberrechtsschutz, nicht bloß Leistungsschutz. Betroffen davon sind insbesondere die Jazzmusik und die sog. Entwurfsmusik. Der Komponist, sagt *Kummer*, weise in diesen Fällen dem Interpreten Spielräume für persönliche Entfaltung zu. Vor allem der Komponist neuer Musik liefere mitunter bloß „Teilpartikel", „Teilstrukturen", Abschnitte also, mit denen der Interpret in „schöpferischer Ausführungsfreiheit" umgehen kann[259].

Je mehr sich der Komponist in seiner Niederschrift auf den Entwurf zurückziehe, desto eher wechsele der Interpret zum Urheber hinüber. Die Frage, ob in diesen Fällen eine Miturheberschaft zwischen Komponisten und Interpreten entsteht, läßt *Kummer* offen.

Eine Miturheberschaft, unter der die Urheberschaft mehrerer Personen an ein und demselben Werk verstanden wird (§ 8 UG), kommt in den Fällen der „mitgestaltenden" Interpretation grundsätzlich wohl nicht in Frage. Das kann zwar nicht heißen, daß dem Interpreten dann, wenn sich seine Vorlage auf den Entwurf beschränkt, kein Urheberrecht zuzubilligen wäre; ganz im Gegenteil, denn der Interpret gestaltet in diesen Fällen eigenverantwortlich und unter Einsatz der gerade ihm zur Verfügung stehenden künstlerisch schöpferischen Möglichkeiten. Der Entwurf ist ihm Anregung, mehr nicht[260]. Eine Miturheberschaft aber würde u. a. voraussetzen, daß sich der Interpret mit seiner Gestaltung im Rahmen des Entwurfs

---

[259] *Kummer*, S. 162 ff., 163.

[260] Vgl. zur Freien Benutzung *v. Gamm*, § 24 Rdz. 3 f.; ob im Falle der „mitgestaltenden" Interpretation eine Bearbeitung gemäß § 3 UG vorliegt, ist Frage des Einzelfalles.

bewegt, damit dem Erfordernis der Gemeinsamkeit im Sinne des § 8 UG genüge getan ist. Man wird nicht davon ausgehen können, daß sämtliche überhaupt möglichen Interpretationen ein und desselben Entwurfs dessen Bedingungen erfüllen bzw. den ursprünglichen Vorstellungen und Absichten des Komponisten entsprechen. Ein solcher Entwurf, der zwar denkbar ist, wäre aber nichts weiter als bloße Anweisung oder Rezept und als solcher nicht schützbar. Die Frage der Miturheberschaft würde sich dabei gar nicht erst stellen.
Für eine Miturheberschaft im oben genannten Sinne könnte zwar sprechen, daß der „mitgestaltende" Interpret zum Zwecke der Gestaltung objektiv die Vorlage eines Komponisten benutzt; wollte er phantasieren, improvisieren oder was auch immer, so bedurfte er dazu nicht des Entwurfs. Der Entwurf als objektiver Anknüpfungspunkt genügt aber nicht. Denn gemäß § 8 Abs. 1 UG ist gerade die subjektive Übereinstimmung im Schaffenswillen der Beteiligten erforderlich. Es ist also davon auszugehen, daß der Entwurf grundsätzlich Anregung bleibt – und nach der Intention des Komponisten ja auch sein soll – die Hervorbringung eines individuellen Werkes im Sinne des Urheberrechts durch den Interpreten also nicht hindert. Daher wären die Fälle der Miturheberschaft bei der „mitgestaltenden" Interpretation darauf zu beschränken, daß zwischen dem Komponisten und dem Interpreten des betreffenden Entwurfs eine entsprechende schöpferische Zusammenarbeit stattfindet, vergleichbar etwa der Zusammenarbeit zwischen Komponisten und Textdichter[261]. Nur so ist zu gewährleisten, daß die Praxis vor allem bei der Verwertung solcher Werke nicht vor nahezu unlösbare Aufgaben gestellt wird[262].

---

261 *v. Gamm*, § 2 Rdz 19 am Ende; danach könnte auch – enge schöpferische Zusammenarbeit vorausgesetzt – an eine Urhebergemeinschaft gedacht werden.

262 Aus der Musikpraxis hat sich *Lombardi* in Melos 1971, 292 f., „Über kollektive Komposition" zur Entscheidungsfreiheit und Mitbestimmung des einzelnen Musikers in der neueren Musik geäußert und u. a. ausgeführt, daß bei graphischen Partituren und verbalen Anweisungen der Komponist gerade nicht auf seine Autorschaft verzichte (gemeint ist wohl in erster Linie Stockhausen), obwohl kein bestimmtes Resultat angestrebt wird oder die Anweisungen so gefaßt sind, daß das Resultat nicht vorauszusehen ist. „In diesem Fall muß der Komponist das Risiko eingehen, daß das klangliche Ergebnis seiner Vorstellung nicht gerecht wird. Nicht nur das: er muß auf seine Funktion als Komponist verzichten. Komponisten, die für die Erfindung anderer signieren, beuten im Grunde diese aus und akkumulieren auf ihre Kosten Mehrwert, und zwar sowohl materiellen als auch sozusagen ‚ideellen'."

Obgleich *Hirsch Ballin* in dem Interpreten aleatorischer Musik nicht bloß den Urheber seines „eigengeprägten Spiels", sondern den „*Miturheber* des gespielten, bis dahin noch unfertigen, gleichsam im status nascendi verkehrenden Musikwerkes" sieht[263], kann er nicht zum eigentlichen Befürworter einer Miturheberschaft im Sinne des § 8 UG gezählt werden. Denn *Hirsch Ballin* wendet sich in erster Linie gegen die Verweisung des ausübenden Künstlers in den Bereich der Leistungsschutzrechte überhaupt. Zu Recht stellt er fest, daß nicht einmal die Personalunion zwischen Komponist und ausübenden Künstler – wie etwa im Falle der Improvisation – denkgesetzlich ein Hinderungsgrund zu sein braucht, beide zu unterscheiden. „Die Simultanität der Vorgänge – des Schöpfungs- und des Wiedergabeaktes – schließt solches gewiß nicht aus"[264]. Erst Recht muß dies aber im Falle der „mitgestaltenden" Interpretation gelten, wo zwar der ausübende Künstler Interpret und Schöpfer zugleich ist, wo aber der Komponist des Entwurfs ein Dritter ist und auch die beiden fraglichen schöpferischen Vorgänge – Komposition des Entwurfs und „mitgestaltende" Interpretation – nicht simultan, sondern sukzessiv verlaufen.

Grundsätzlich wird also für eine Miturheberschaft gemäß § 8 Abs. 1 UG erforderliche Gemeinsamkeit zwischen Komponisten und „mitgestaltendem" Interpreten fehlen. Dem Interpreten ist im Falle der Mitgestaltung – bei Vorliegen der übrigen Voraussetzungen – ein von der „Mitarbeit" des Komponisten unabhängiges Urheberrecht für sein Werk zuzubilligen[265]. Es wäre aber wünschenswert, den Begriff der „mitgestaltenden" Interpretation nicht mehr zu verwenden, sofern dieser den Fehlschluß auf ein etwa bestehendes Miturheberrecht nahelegt.

II. Zusammenfassung

Das Musikwerk im Sinne des Urheberrechts läßt sich in konsequenter Fortführung der im Rahmen des allgemeinen Werkbegriffs entwickelten

---

[263] *Hirsch Ballin* in UFITA Bd. 50 (1967) S. 843 ff., 851.

[264] *Hirsch Ballin*, aaO. S. 846.

[265] Lehnt man es ab, die Interpretation mit Werkcharakter im Falle der Entwurfsmusik als freie Benutzung gemäß § 24 UG anzuerkennen, so müßte auf jeden Fall der Gesichtspunkt der Bearbeitung (§ 3 UG) zum Zuge kommen. Eine solche Konstruktion wäre – wenn sie auch dem tatsächlichen Verhältnis zwischen Komponist und Interpreten in diesen Fällen weniger entspricht – mit dem

Grundsätze als eine individuelle Gestaltung akustischer Erscheinungen definieren.
Die Loslösung der Individualität von der Persönlichkeit des Urhebers ist vor allem im Hinblick auf aleatorische Musik unumgänglich, um die Schutzfähigkeit insoweit dogmatisch überzeugend zu begründen. Denn eine Zufallsentscheidung ist in der Regel nicht geeignet, eine Individualität zu erzeugen, die auf eine bestimmte Persönlichkeit als Urheber hinweist.
Zwischen dem Zufallseinfluß, wie er in der seriellen Musik wirksam ist und anderen Funktionen des Zufalls im Rahmen kompositorischen Schaffens besteht kein für das Urheberrecht bedeutsamer Unterschied. Das gilt insbesondere für die sog. Entwurfsmusik. Auch diese ist als Musikwerk – Individualität vorausgesetzt – schützbar. Das Gleiche gilt für graphische Partituren.
Die Interpretation als solche ist im Zuge des Funktionswandels, dem Partituren zeitgenössischer Komponisten unterliegen, als selbständiges Werk (freie Benutzung gemäß § 24 UG, gegebenenfalls Bearbeitung gemäß § 3 UG) im Sinne des Urheberrechts anzuerkennen. Für die Interpretation im übrigen, insbesondere deren Verweisung in den Bereich des Leistungsschutzes, ergeben sich daraus keine Änderungen. Eine Miturheberschaft zwischen dem Komponisten des Entwurfs und dem Interpreten ist grundsätzlich nicht zu befürworten[265a].

geltenden Recht jedenfalls vereinbar, vgl. BGH in GRUR 1962, 370 ff., 374 (Schallplatteneinblendung); v. *Gamm*, § 73 Rdz. 4.

[265a] Vgl. dazu auch *Weissthanner*, II. Teil, III 5b, bb zum Rechtsverhältnis zwischen Komponisten und Interpreten.

3. Kapitel: Computer-erzeugte elektronische Musik

A. Definition

Der Einsatz des Computers zur Herstellung von Kunstwerken hat wohl nirgendwo größere praktische Bedeutung erlangt als gerade auf dem Gebiet der elektronischen Musik.

Unter elektronischer Musik ist zunächst ganz allgemein die Komposition mit elektronisch erzeugten oder bearbeiteten Klängen oder Geräuschen zu verstehen. Soweit das verwendete Material elektro-akustischer Herkunft ist, hat man es mit der elektronischen Musik im eigentlichen Sinn zu tun. Im Unterschied dazu benutzt die sog. „musique concrète" (konkrete Musik) natürliche Klänge oder Geräusche als Ausgangspunkt; die Komposition selbst stellt eine Manipulation dieses Materials dar, wobei der Umformungsprozeß dem der elektronischen Musik entspricht. Daher sind selbst vom musikalischen Standpunkt aus die Unterschiede zwischen elektronischer und konkreter Musik zweitrangig, das heißt überwiegend theoretischer Natur[266].

Für das Urheberrecht sind diese Unterschiede ohnedies bedeutungslos, da das verwendete Material für den Rechtsschutz keine Rolle spielt. Daher unterliegt auch die sog. „elektro-akustische Musik", die lediglich eine Verbindung von elektronischer Musik und „musique concrète" darstellt[267], keiner besonderen urheberrechtlichen Beurteilung.

Es muß also erlaubt sein, im Rahmen urheberrechtlicher Erörterungen von elektronischer Musik schlechthin zu sprechen.

---

[266] Vgl. dazu *Malec*, Musique Concrète 1948–1968, in Melos 1969, 53; *Kaegi*, S. 192; allgemein zur elektronischen Musik F. C. *Judd*, S. 9 ff.

[267] Ein Beispiel für „elektro-akustische Musik" ist *Stockhausens* „Gesang der Jünglinge"; auch die mystischen Fresken von Pierre Henry, vgl. dazu Maurice *Fleuret* in „electronic panorama", Philips Schallplatte 6740 001.

B. Fragestellung

Die elektronische Musik stellt kein eigentlich urheberrechtliches Problem dar, soweit es sich – unter Ausschluß des Computers – um die Komposition mit elektronisch erzeugtem oder bearbeitetem Material handelt.
Zwar hat u. a. *von Rauscher auf Weeg* die Urheberrechtsfähigkeit der elektronischen Musik schlechthin verneint, weil diese sich nicht des Ausdrucksmittels der Musik bediene[268]. Die Ausdrucksmittel der Musik aber variieren in der Geschichte. Die Technik der elektronischen Musik ist ein dieser Musik durchaus adäquates Ausdrucksmittel, auch wenn es mit den Ausdrucksmitteln, die *von Rauscher auf Weeg* gemeint haben mag, wenig gemein hat. Ebenso problematisch erscheint die weitere Feststellung, daß ein Werk der Tonkunst nur dann vorliegen könne, wenn das „Ton" Material durch die Vermittlertätigkeit des Menschen erzeugt wird[269]. Damit wendet sich *von Rauscher auf Weeg* gegen die „musique concrète" unter Außerachtlassung des bereits angeführten Grundsatzes, daß das verwendete Material auch im Bereich des musikalischen Urheberrechts nicht relevant ist. Im Zusammenhang mit der Frage nach dem Musikwerk kann es insoweit nur interessieren, ob überhaupt akustische Erscheinungen Gegenstand der Gestaltung sind. Die *von Rauscher auf Weeg* – übrigens in den Anfangsjahren der elektronischen Musik[270] – vertretenen Einschränkungen beruhen letztlich auf urheberrechtlich nicht zulässigen ästhetischen Wertungen.
Gleichfalls zu Unrecht hat *Gentz* den Werkcharakter der elektronischen Musik in Frage gestellt. Diese Musik sei vor allem ein Problem der Musikausübung, nicht des Musikschaffens[271]. Nach der Einbeziehung des Computers in den Vorgang der Werkschöpfung aber und der zunehmenden Diskussion betreffend die Schutzfähigkeit computer-erzeugter Werke, insbesondere der computer-erzeugten elektronischen Musik dürfte *Gentz'* Ansicht widerlegt sein[272].

---

[268] *v. Rauscher auf Weeg*, S. 71.
[269] *v. Rauscher auf Weeg*, S. 70.
[270] Als „Geburtsjahr" der elektronischen Musik wird das Jahr 1953 (Kölner Musikfest) angegeben, vgl. *Kaegi*, S. 31.
[271] *Gentz*, S. 9.
[272] Auch in der Musiktheorie ist die elektronische Musik auf Ablehnung gestoßen,

Es wäre allerdings ein Mißverständnis, anzunehmen, daß die elektronische Musik nur unter Zuhilfenahme des Computers hergestellt werden könnte. Die Verwendung elektronischer Klangquellen wie z. B. des Multivibrators, Sinusoszillators, Rauschgenerators u. ä. führt zwar mitunter zu ebenfalls komplizierten, insbesondere langwierigen Produktionsgängen, hat aber mit der computermäßigen Herstellung elektronischer Musik unmittelbar nichts zu tun[273].

Die *computer-erzeugte* elektronische Musik betrifft also nur einen Teil der elektronischen Musik, aber gerade den Teil, der allein von urheberrechtlichem Interesse ist. Im folgenden ist daher die Frage zu beantworten, ob die Datenverarbeitung zum Zwecke der Klangbildung, das heißt also die elektronische Komposition unter weitgehendem Ausschluß menschlicher Gestaltung und Entscheidung, zu urheberrechtsschutzfähigen Musikwerken führen kann oder nicht[274].

Die Frage wird absichtlich nicht so gestellt, wie es im Anschluß an *Fromm* u. a. etwa naheliegen könnte, ob nämlich „der Apparat geistiger Schöpfer" sei. Denn die marktschreierischen Veröffentlichungen über den kompo-

---

so etwa *Blume*, S. 17 in Melos 1959, 66, weil der „Naturklang" aufgelöst werde oder *Stephan*, S. 7, der im Hinblick auf die Möglichkeiten, im Rahmen der elektronischen Tonerzeugung über das absolute Kontinuum der Tonhöhen im gesamten Hörbereich zu verfügen, eine sinnvolle Komposition bezweifelt. Aber *Curjel* in Melos 1959, 70 ff., es gebe keinen naturbedingten Tonstoff. „Der schaffende Mensch besitzt die freie Entscheidung, den Tonstoff nach seinem Plan zu formen und zu verformen. Auch zu erweitern, wenn er sich neue Gesetzlichkeit selbst schafft." Ähnlich bereits *Adorno*, Philosophie der neuen Musik, S. 18; schließlich auch *Stockhausen*, Elektronische Musik und instrumentale Musik, Reihe, Heft 5, S. 54.

273 Vgl. dazu *Judd*, S. 23 ff.

274 Zu beachten ist, daß der Computer nicht nur zur Klangbildung, sondern auch zur Herstellung von Partituren eingesetzt werden kann; ein Beispiel ist *G. M. Koenigs* „Projekt 2". Dieses Programm stellt den Versuch dar, mit Hilfe des Computers musikalische Sprache zu formalisieren. Der Benutzer des Programms hat jeweils zu entscheiden, welche Instrumente, welcher Werte- und Tonhöhenbereich, welche Lautstärke usw. zur Anwendung kommen. Außerdem offeriert das Programm dem Benutzer eine Reihe von Verknüpfungsregeln, d. h. Regeln, wie musikalische Daten miteinander verknüpft werden sowie eine Anzahl von Standardverfahren. „Projekt 2" stellt also das Vokabular einerseits und die Grammatik andererseits zur Verfügung. Dieser Fall eines computererzeugten Musikwerkes ist allerdings im Rahmen der vorliegenden Untersuchung nicht von Interesse, da es sich nicht eigentlich um elektronische Musik handelt.

nierenden Automaten stimmen tatsächlich nicht[275]. Der „Apparat" kann sich zweifellos nicht zum „geistigen Schöpfer" aufschwingen[276].
Damit wäre allerdings nicht beantwortet, in welchem Maße sich der Mensch des Computers bedienen darf, um das subjektive Urheberrecht an den so hervorgebrachten Erzeugnissen noch in Anspruch nehmen zu können. Aber gerade um die Beantwortung dieser Frage geht es.
Die Abgrenzungsversuche der Lehre, die sich – wie bereits ausgeführt – überwiegend damit begnügt, festzustellen, daß der Computer das „künstlerisch Schöpferische", die „wahre Originalität", „Gefühle" und „Intuition" des Menschen zwar simulieren, nicht aber ersetzen könne (vgl. Ausführungen oben, 1. Kap. A.III.2.a), sind vordergründig; sie sind im übrigen das Ergebnis einer falschen Fragestellung und haben mit der Sache selbst kaum etwas zu tun (vgl. Ausführungen oben, 1. Kap. B.I.1.).
In diesem Zusammenhang sei auch auf den fehlerhaften Gebrauch der Worte *Apparat* und *Automat* hingewiesen, der insoweit fehlerhaft ist, als die Lehre beide für die Umschreibung des selben Tatbestandes verwendet (vgl. z. B. *Fabiani*, aaO., *Fromm*, aaO.). Ein Apparat muß, wie jedes herkömmliche mechanische Musikinstrument, von außen bedient werden. Ein Automat dagegen instruiert sich selbst, das heißt er arbeitet nach einem bestimmten Programm, das er in sich trägt wie etwa der Computer, der das Programm speichert. Es liegt auf der Hand, daß Gegenstand der urheberrechtlichen Betrachtung im Grunde nur der Automat sein kann.

---

[275] *Schulze*, Urheberrecht in der Musik, S. 83; seine Folgerung, darum brauche das Urheberrecht nicht reformiert zu werden, ist möglicherweise voreilig.
[276] Vgl. *Samson* in UFITA, aaO. S. 142.

C. Die elektronische Musik unter Verwendung des Zufallsgenerators

Wie bereits im allgemeinen auszuführen war, versagt die herrschende Lehre den computer-erzeugten Musikwerken den Schutz, sofern die Verwendung des Computers über das hinausgeht, was dem Komponisten bei der Verwendung komplizierter technischer Geräte erlaubt ist; das heißt der Computer darf zwar als „Handwerkszeug" im übertragenen Sinne, nicht aber im eigentlichen Sinne „selbsttätig" eingesetzt werden. Vom Komponisten wird also verlangt, daß er den gesamten Ablauf der „Produktion" gewissermaßen in der Hand behält.

Die Grenze musikalisch-schöpferischer Entscheidung wird nach *Fellerer* dort überschritten, wo „die Maschine selbst die Komposition durchführt"[277]. Aber wann tut sie das? Bereits dann, wenn der Zufallsgenerator in Aktion tritt?

Nach *Möhring* liegt die Grenze dort, wo der Komponist das computererzeugte Stück in seiner konkreten Erscheinung nicht vorausgesehen hat, grundsätzlich also bei Einschaltung des Zufallsgenerators in den Vorgang der Werkschöpfung[278].

Damit würden sich die Ansichten *Fellerers* und *Möhrings* decken, denn sofern man überhaupt davon sprechen kann, daß die Maschine selbst die Komposition durchführt, handelt es sich um „Fähigkeiten", die man dem Zufallsgenerator zuzuschreiben scheint. Bei der folgenden Darstellung der technischen Vorgänge, soweit sie für die urheberrechtliche Betrachtung wesentlich sind, sei daher insbesondere auf die Funktion des Zufallsgenerators eingegangen.

I. Der technische Vorgang bei der Komposition unter Zuhilfenahme des Computers

Samson hat den technischen Vorgang, das heißt die Herstellung eines Kunstwerkes durch den Computer – allerdings ohne Berücksichtigung des Zufallsgeneratos – in sieben Phasen eingeteilt[279]:

---

277 *Fellerer* in InterGU Bd. 37, S. 28.
278 *Möhring in* UFITA, aaO. S. 841 ff.
279 *Samson* in UFITA, aaO. S. 137 f.

1. Probemstellung und Feststellung des Ziels,
2. Aufstellung des mathematischen Modells,
3. Numerische Behandlung des mathematischen Modells,
4. Programmierung,
   a) logischer Aufbau,
   b) Codierung (d. h. Übersetzung der mathematischen in die Maschinensprache),
5. Testen (des Programms),
6. Produktionsablauf,
7. Interpretation des Rechnungsergebnisses[280].

Die Darstellung *Samsons* ist allerdings nicht typisch für den Vorgang der Werkschöpfung eines Musikstückes. Es seien daher einige Anmerkungen erlaubt[281].

Die erste Stufe betrifft die Frage nach dem zu komponierenden Werk, das auch eine Partitur sein kann[282]. Die zweite und dritte Stufe betreffen die Aufstellung und numerische Behandlung des mathematischen Modells. Während das Modell erst die Formel angibt, nach der ausgerechnet wird, beschreibt die numerische Behandlung, wie es ausgerechnet wird. Das mathematische Modell ist allerdings nur *eine* Möglichkeit – wenn auch die Regel – den Weg zu beschreiben, auf dem das einmal festgelegte Ziel erreicht werden soll. Ebensogut könnten die Regeln der tonalen Harmonielehre programmiert werden, ohne daß vorher versucht wird, dieselben mathematisch zu formalisieren. Auf jeden Fall muß es sich um ein logisches Modell handeln, weil andere Modelle sich nicht in den Programmiersprachen ausdrücken lassen[283].

1. Das Musik-Computerprogramm

Die persönliche geistige Leistung des Komponisten bei der Erstellung des Programms liegt in der Programmanalyse, die umfangmäßig den dargestellten Stufen 1 bis 3 entspricht[284]. Die Programmanalyse stellt den Versuch des Komponisten dar, eine „musikalische Sprache“ bis zu einem

---

[280] Vgl. auch die Darstellungen bei *Köhler*, S. 11 ff.; *Moser* in GRUR 1967, 639 ff.; *Möhring* in GRUR 1967, 269 ff.; *Strachey*, Problemanalyse und Programmierung, S. 69 ff.

[281] Vgl. vor allem die nachfolgenden Ausführungen I. 2. betr. den Zufallsgenerator.

[282] Vgl. Anm. 274.

[283] Denn die Programmiersprachen basieren auf logischen Modellen, vgl. dazu David C. *Evans*, S. 29 ff.

[284] *Samson*, aaO.

gewissen Grade zu formalisieren, so daß nach den Verknüpfungsregeln dieser „Sprache" verfahren werden kann. Es kommt insoweit weniger auf die verwendeten „Vokabeln" als vielmehr darauf an, daß diese in der richtigen Weise miteinander verknüpft werden, das heißt darauf, daß überhaupt eine musikalische Gestaltung stattfindet[285].
Hat der Computer also auf Grund eines solchen Programms ein Stück erzeugt – auf die vierte und fünfte Stufe in der Darstellung *Samsons* braucht nicht näher eingegangen zu werden (betr. die sechste Stufe vgl. nachfolgende Ausführungen) – so ist es weiter Sache des Komponisten, das Ergebnis im Sinne der musikalischen Analyse zu untersuchen. Gefragt wird insbesondere, ob es als eine musikalische Struktur[286] ansprechbar ist und gegebenenfalls, ob das Resultat mit der Erwartung übereinstimmt[287].

---

[285] Bislang war es beispielsweise möglich, gewisse Verknüpfungsregeln aus dem kompositorischen Schaffen *Bachs* zu programmieren. Man kann ein solches Programm benutzen im Vertrauen darauf, daß hier eine Kodifizierung musikalischer Sprache vorliegt, die bereits durch die musikalische Erfahrung ihre Bestätigung gefunden hat. Man könnte also beweisen, daß diese Sprache „richtig" ist im Sinne der musikalischen Überlieferung. Aber nicht etwa, weil mit Hilfe dieses Programms wieder ein Stück à la *Bach* erzeugt werden könnte, sondern weil überhaupt eine Formalisierung stattgefunden hat, die dazu führt, daß in jedem Fall wieder ein Stück „musikalischer Spache" herauskommt. – Nun ist die Beschäftigung „elektronischer" Komponisten mit ihrem Gegenstand alles andere als die Nachahmung oder Nachempfindung alter Stile, ein Eindruck, der im Anschluß an die Ausführungen *Samsons* in UFITA, aaO. S. 142, entstehen könnte. Es geht vielmehr um das Aufspüren und Realisieren der der elektronischen Musik eigenen Gesetzmäßigkeiten, die ihrerseits nur einen Teil der Gesetzmäßigkeit sein kann, der Musik schlechthin unterliegt. Nur zu einem geringen Teil kann sich der Komponist dabei auf die Überlieferung und musikalische Erfahrung im oben genannten Sinn verlassen. Was er unter diesen Umständen tut, ist daher im wesentlichen das Erstellen einer Arbeitshypothese, die Kodifizierung derselben und die Fertigung eines entsprechenden Programms.

[286] Musikalische Struktur in dem Sinne, in dem Musik von Nicht-Musik unterschieden werden kann. Dabei ist sich die musikalische Apperzeptionsforschung darüber im klaren, daß es irgendwo im Bereich der möglichen akustischen Information eine Grenze gibt, von der ab die Wahrnehmungsorgane des Menschen „musikalische Information" melden. Es gibt also – auch wenn die Grenzen fließend sein mögen – eine bestimmte Art der Organisation musikalischer Strukturen.

[287] Derzeit können mittels Computerprogrammen auch Strukturmodelle auf ihre musikalische Anwendbarkeit hin geprüft werden, d. h. musikalische Zusammen-

Was das Urheberrecht in diesem Zusammenhang allein interessiert, ist, ob das „Dazutun" des Komponisten zu einer musikalischen, urheberrechtlich relevanten Gestaltung geführt hat. Der Blick richtet sich also nicht nur auf das Programm, sondern auch auf den sog. Computer-„Output"[288], genauer gesagt auf das Erzeugnis. Und die Frage ist, ob dieses eine musikalische Struktur aufweist und im übrigen individuell ist.[289] Die Beurteilung hat unabhängig davon zu erfolgen, ob das Erzeugnis die Erwartungen des Komponisten erfüllt, denn was der Komponist gewollt hat, ist für den Werkcharakter eines Gebildes im Sinne des Urheberrechts nicht entscheidend (vgl. Ausführungen oben, 2. Kap. A.I.2.b). Es kann auch nicht darauf ankommen, daß der Komponist selbst das Erzeugnis verwirft (vgl. Ausführungen oben, 1. Kap. B.II.2.a und 3. betr. die Präsentation). Ebensowenig können ästhetische Gesichtspunkte maßgebend sein (vgl. Ausführungen oben, 2. Kap. A.I.2.a).
Beim Produktionsablauf – die sechste Stufe in der Darstellung *Samsons* – werden im Hinblick auf Musikprogramme des Computers die wesentlichsten Unterschiede zu machen sein. Denn ein Computerprogramm wird in der Regel für einen sehr vielfältigen und häufigen Gebrauch geschrieben. Ein musikalisches Programm dagegen soll grundsätzlich nicht hunderte oder tausende von Musikstücken oder Partituren produzieren, obgleich es das könnte. Aber die Stücke würden schneller komponiert als sie jemals aufgeführt werden könnten. Auch wird im Ernst niemand daran glauben, daß sich irgend jemand in Zukunft unter völlig veränderten technischen Realisationsbedingungen darauf einläßt, eine in diesen Jahren entstandene elektronische Komposition nach den vorhandenen Programmen zu realisieren.

---

hänge werden nicht mehr – wie bei der Komposition eines herkömmlichen Stückes etwa – von Fall zu Fall realisiert, sondern in verallgemeinerter Form postuliert, vgl. dazu *Kaegi*, Die Anwendung der Elektronik in der Musik, Der Elektroniker 1970 Nr. 6, S. 325 ff., 330 unter Hinweis auf G. M. *Koenig*, Xenakis und Hiller.

288 Zum Begriff „Output" vgl. *Fuchs*, S. 233 ff. mit anschaulichen Beispielen.

289 Vgl. Anm 186; wenn das Programm ein Stück formalisierter „musikalischer Sprache" enthält, so muß per definitionem auch ein Stück „musikalischer Sprache", also eine musikalische Struktur herauskommen. Die Frage, ob ein Erzeugnis also eine musikalische Struktur aufweist, wird für das Urheberrecht kaum praktisch werden, und wenn, dann allenfalls im Rahmen des § 2 Abs. 1 UG bei der Frage, ob ein „Kunstwerk", insbesondere ein Werk der Musik vorliegt.

Allerdings – und die Tatsache als solche ist für das Urheberrecht bedeutsam – *kann* ein und dasselbe musikalische Programm durchaus mehrfach verwendet werden. Selbst Iannis *Xenakis*' (einer der führenden „Neutöner") Programme, die grundsätzlich nur für eine Produktion geschrieben sind, lassen sich gleichwohl für mehrere Realisationen verwenden. Ob die mehrfache Verwendung ein und desselben Programms sinnvoll ist – ein Umstand, der das Urheberrecht nur am Rande interessiert – hängt davon ab, wo die Variablen in einem solchen Programm liegen und vor allem welchen Spielraum die Zufallsgeneratoren innerhalb des Programms haben[289a].

2. Zufall und statistische Verteilung

In diesem Zusammenhang muß auf die Funktion des Zufallsgenerators näher eingegangen werden.

Zu unterscheiden ist zunächst zwischen Zufall einerseits und statistischer Verteilung andererseits. Unter Zufall ist das definitive Umstellen einer Weiche zu verstehen; der Zufall wählt unter den gegebenen, stets endlichen Werten. Die statistische Verteilung, die stochastische Formel dagegen bezeichnet die Wahrscheinlichkeit, mit der innerhalb einer bestimmten Zeitspanne bestimmte Ereignisse eintreten bzw. nicht eintreten[290]. Wenn ein Komponist wie John *Cage* beispielsweise[291] zu Beginn einer Komposition würfelt oder die Anzahl der Ereignisse mittels eines chinesischen Stäbchenspiels festlegt, dann ist das nicht die Füllung eines statistischen Raumes, sondern eine einmalige Weichenstellung.

Der Zufallsgenerator kann nun für beide Erscheinungsformen „zufälliger" Gestaltung verwendet werden, je nachdem, welchen Zweck der Komponist in dem einen oder anderen Falle verfolgt.

Wenn also – um auf *Xenakis*' beispielhaft angeführte Kompositionsweise zurückzukommen – dieser Komponist sich vorher genau überlegt, nach welcher Matrix Tonhöhen, Dauern, Lautstärken usw. verteilt werden, so wird das Programm bei mehrfacher Verwendung außergewöhnlich ähnliche Stücke hervorbringen, weil die Verteilungsgesetze jeweils die selben bleiben. Obgleich sich die Verteilung einzelner Elemente ändert, wird der Gesamteindruck des Stückes dadurch wenig beeinflußt. Man kann

---

[289a] Vgl. dazu auch *Weissthanner*, I. Teil, 6c am Ende m. w. N.
[290] Vgl. *Fuchs*, S. 171 ff., stochastischer Prozeß.
[291] Vgl. Anm. 213.

sich vorstellen, daß ein Publikum, mit vier oder fünf derartigen „Variationen" konfrontiert, den Eindruck haben wird, vier oder fünf Mal das selbe Stück gehört zu haben, was im übrigen die Ansicht der „aleatorischen" Komponisten bestätigen würde, wonach es nicht auf die Stellung des einzelnen Elements, sondern auf den Gesamteindruck eines Musikstückes ankommt. Von *Xenakis* ist insoweit bekannt, daß er Parallelen zur kinetischen Gastheorie gezogen hat.
Macht dagegen ein Komponist vom Zufall derart Gebrauch, daß er lediglich die Weichenstellung vorsieht, so erwartet er bei dreimaligem Gebrauch des Programms, daß drei mehr oder weniger verschiedene Stücke herauskommen, die zwar insofern etwas Gemeinsames haben, als sie auf das selbe Ausgangsmaterial zurückgeführt werden können, die aber doch drei verschiedene Ereignisse darstellen. Das kann bei mehrfachem Gebrauch des Programms eine Skala sein von vielen (objektiv) beinahe identischen Stücken bis hin zu absolut unterschiedlichen. Daraus ergeben sich besondere rechtliche Probleme für die Beurteilung des einzelnen Erzeugnisses, worauf noch einzugehen sein wird (vgl. nachfolgende Ausführungen III.3.a).
Die Beispiele zeigen, daß die Verwendung des Zufallsgenerators verschiedene Funktionen haben kann: in dem einen Fall, eine statistische Verteilung, eine Dichte der Ereignisse zu erzeugen, in dem anderen, den Gang der Dinge für beliebige Zeit dem Zufall zu überlassen, nachdem man gewissermaßen die Weiche dafür gestellt hat.
Weder in dem einen noch in dem anderen Fall läßt sich aber sagen, daß der Komponist nicht mehr Herr über die sich im Inneren des Computers abspielenden Prozesse wäre. Es ist vielmehr so, daß im Programm festgelegt ist, ob überhaupt, an welcher Stelle, in welchen Zeitabschnitten oder von welcher Dauer der Zufallsgenerator wirksam wird bzw. in welcher Weise die Weichenstellung erfolgt. Es gilt insofern der Satz, wonach der Computer nur das hervorbringt, was man in ihn hineingelegt hat. Dieser Satz erfährt auch durch die Möglichkeiten, die der Zufallsgenerator dem Komponisten in die Hand gibt, keine Ausnahme. Denn das Programm steuert das Erzeugnis auch in diesen Fällen von Anfang bis zum Ende (vgl. dazu nachfolgende Ausführungen II.2., vor allem zum Komponierprogramm nach *Kaegi*). Der „elektronische" Komponist verfährt dabei im Prinzip gleich wie derjenige, der im Zuge der sog. Entwurfskomposition Spielräume für den Interpreten offenläßt und dies gleichsam in die Komposition mit einbezieht bzw. berücksichtigt. Es kann keinen für das

Urheberrecht erheblichen Unterschied bedeuten, ob der Komponist die freien Spielräume dem *Interpreten* seines Werkes oder – wo eine Interpretation wie bei der Vermittlung der elektronischen Musik ausscheidet[292] – dem Zufallsgenerator zuweist. In beiden Fällen hat der Komponist allenfalls die Grenzen, nicht aber die konkrete Erscheinung des Werkes bestimmt[293].

II. Der Einfluß des Zufallsgenerators auf die urheberrechtliche Beurteilung des computer-erzeugten Musikwerks

1. Lösungsvorschläge

Abgesehen von *Fromm,* dessen Auffassung bereits berücksichtigt worden ist, haben sich in der Rechtslehre – außer *Kummer* – insbesondere *Samson* und *Möhring* eingehender mit den sich aus der Einschaltung des Zufallsgenerators bei der computermäßigen Kunstproduktion ergebenden Fragen auseinandergesetzt[294].

Samson spricht dem Computer – mit oder ohne Aleatorik – von vorneherein die Fähigkeit ab, komponieren zu können[295]. Er stimmt insoweit mit *Fellerer* überein, der aber selbst keinen Lösungsvorschlag unterbreitet[296]. Im übrigen ist nach *Samson* das computer-erzeugte Stück als bloße Folge der persönlichen geistigen Leistung des Komponisten, wie sie in der Programmgestaltung liegt, kein Kunstwerk. Allerdings genüge es nicht, dem Programm allein Urheberrechtsschutz zu gewähren, da das maschinelle Verfahren das einzige Mittel sei, das Programm hörbar zu machen. Das Erzeugnis als solches würde ohne Rechtsschutz zum Freiwild. Wenn überhaupt, so schließt *Samson,* sei das Programm als Tonwerk (Partitur) anzuerkennen und der Urheberrechtsschutz grundsätzlich auf die durch die Zufallsbearbeitung bereicherte *Vervielfältigung* des Computers zu erstrecken.

---

292 Der Komponist als Programmierer ist Komponist und Interpret in einer Person; eine deutliche Trennung zwischen Komposition und Interpretation ist nicht möglich, vgl. dazu *Judd,* S. 57; *Fellerer* in InterGU Bd. 37, S. 30; *Knap* in UFITA Bd. 64 (1972) S. 60 und 75.

293 Vgl. insoweit die Einwände *Möhrings,* nachfolgende Ausführungen II.1.

294 *Samson* in UFITA aaO. S. 117 ff.; *Möhring* in UFITA aaO. S. 835 ff.

295 *Samson,* aaO. S. 142.

296 *Fellerer,* aaO.

Auch nach *Möhring* ist lediglich das Programm selbst urheberrechtsschutzfähig[297]. Eine Bearbeitung gemäß § 23 UG bzw. „Umgestaltung" hält er nur in Ausnahmefällen für möglich. Die Computer-Erzeugnisse als freie Benutzungen im Sinne des § 24 UG zu schützen, lehnt er ab, weil er – im Gegensatz zu *Samson* – Urheberrechtsschutz grundsätzlich nur dann gewähren will, wenn der Zufallsgenerator ausgeschaltet bleibt. Voraussetzung des Schutzes sei, daß das Arbeitsergebnis des Computers von dem Programmierer im Zeitpunkt der Niederlegung des Programms „geistig konzipiert und dementsprechend gesteuert wurde". Die Einschaltung des Zufallsgenerators aber schließe jede genaue *Voraussehbarkeit* aus. Nur ungefähre Vorstellungen des Programmierers, etwa im Rahmen der mathematischen Möglichkeiten, reichten nicht aus[298].
Im übrigen hat auch *Möhring* den allgemeinen Einwand erhoben, computer-erzeugte Stücke seien „wie Bilder eines Kaleidoskops Produkte des Zufalls"[299]. Der Programmierer brauche bei der Erzeugung eines Musikwerkes „keine eigentliche Befehlsform niederzulegen", diese Funktion übernehme der Zufallsgenerator[300].
Schließlich, sagt *Möhring*, sei der Persönlichkeitsschutz des Urhebers in Beziehung auf sein Werk nicht nur ein Postulat. „Daß die *Individualität des Urhebers* in dem Werk seinen Ausdruck gefunden haben muß, ist vielmehr unabdingbare Voraussetzung des Urheberrechtsschutzes; denn das Urheberrecht schützt den Urheber nicht nur in der Nutzung seines Werkes, sondern auch in seiner geistigen und persönlichen Beziehung zum Werk (§ 11 UG)"[301].

2. Stellungnahme

Im folgenden soll zunächst zu der Auffassung *Samsons*, alsdann zu der *Möhrings* Stellung genommen werden. Sodann wird im Anschluß an *Samson* ein eigener Lösungsvorschlag unterbreitet.

---

[297] *Möhring*, aaO. S. 840 ff.; ebenso wie bei *Samson* und *Möhring* wird auch hier von der grundsätzlichen Urheberrechtsschutzfähigkeit – im Gegensatz zur Patentrechtsschutzfähigkeit – ausgegangen, vgl. dazu nachfolgende Ausführungen III.3.b.

[298] Vgl. dazu auch *Möhring-Nicolini*, § 2 Anm. 4.

[299] *Möhring*, aaO. S. 843.

[300] *Möhring*, aaO. S. 837.

[301] Vgl. Anm. 299.

Richtig ist, daß Computer nicht im eigentlichen Sinne des Wortes komponieren können. Der Vorschlag *Samsons* ermöglicht eine dieser Erkenntnis entsprechende und darüber hinaus dogmatisch überzeugende Lösung. Dagegen spricht aber – wie noch im einzelnen zu begründen ist – daß gerade bei der „Zufallsbearbeitung" durch den Computer das Werk weder in der Vorstellung des Komponisten noch im Programm selbst ausreichend konkretisiert ist. Hierzu bedarf allerdings der Programmbegriff einer näheren Präzisierung.
Zu unterscheiden ist zwischen dem sog. Flußdiagramm[302] und dem Operationsprogramm[303].
Unter einem Flußdiagramm ist das Schema zu verstehen, das den Ablauf der tatsächlichen Problemlösung beschreibt, jedoch noch nicht die konkreten Daten des Einzelfalles enthält[304]. Das Flußdiagramm stellt also lediglich ein allgemeines System der Programmierung dar. Es wird alsdann in den endgültigen Aufzeichnungsträger mit Signalanordnung überführt, worunter *Moser* das Operationsprogramm versteht[305]. Das Operationsprogramm verkörpert also die gleiche Informationsaussage wie das ursprüngliche Flußdiagramm, lediglich mit anderen Darstellungsmitteln. Erst das Operationsprogramm, welches die Abläufe des Computers steuert, ermöglicht die Schaffung des Werkes durch die Maschine.
Soweit *Samson* also vorschlägt, das Programm als „Tonwerk (Partitur)" urheberrechtlich zu schützen, kann nur das Operationsprogramm gemeint sein. Bereits *Moser* hat sich veranlaßt gesehen, folgende Parallele zu ziehen: „Sogar eine musikalische Partitur enthält im wesentlichen nur die technische Reihenfolge der Maßnahmen zur Erzeugung der gewünschten Tonfolgen, das Schaltungsverfahren des Orchesters. Wenn man daher Trägern mit Werkaufzeichnungen künstlerischer Art Urheberrechtsschutz gewährt, so kann dieser Schutz den Trägern von Operationsprogrammen ... gleichfalls nicht verwehrt werden. Beide Trägerarten erzeugen als Ergebnis ein dem Menschen als Empfänger zugewiesenes Werk. Diese

---

302 Vgl. dazu im einzelen *Neumeyer* in GRUR Ausl. 1966, 417 ff.

303 Vgl. dazu *Moser* in GRUR 1967, 639 ff., 642.

304 *Neumeyer*, aaO. bezeichnet das Flußdiagramm als die „schärfere Fassung der Systemanalyse", die ihrerseits als eine „Sichtung der in einem bestimmten System bzw. Arbeitsgebiet auftretenden Vorgänge und Zusammenhänge" zu verstehen ist.

305 *Moser*, aaO.; die Umwandlung kann – unter Verwendung eines sog. Umwandlungsprogramms – auch durch die Maschine vorgenommen werden.

Gleichsetzung ist beispielsweise bei Operationsprogrammen für kompositorische Maschinensteuerung unmittelbar zwingend"[306].
Dem kann nicht ohne weiters gefolgt werden, nicht zuletzt deswegen, weil diese Beurteilung die Funktion des Zufallsgenerators im kompositorischen Schaffen außer acht läßt. Das Operationsprogramm ist lediglich Mittel zum Zweck. Zwar ist auch die herkömmliche Partitur eines Musikwerkes kein Selbstzweck, sie dient aber der Wiedergabe eines bereits *vorhandenen* Werkes im Wege der Interpretation. Die elektronische Musik dagegen – insbesondere die computermäßig erzeugte – bedarf der Vermittlung durch Interpretation nicht[307]. Daher gibt es bei ihr auch nichts, was der Funktion nach der Partitur im herkömmlichen Sinne vergleichbar wäre, und wenn es das gäbe, so wäre es überflüssig. Das aber wird man von einem Computerprogramm zur Musikerzeugung gerade nicht sagen können. Dieses dient nämlich der Realisierung des Werkes schlechthin, der „Hervorbringung", kurz der Schöpfung[307a].
Im Gegensatz zur herkömmlichen Partitur zeichnet das Programm ein Werk nicht nach, sondern beschreibt erst – wie dargelegt – den Weg zum Erzeugnis, wobei dieses in der Tat mehr oder weniger große Veränderungen erfahren kann, aber nicht Veränderungen, wie sie sich im Verhältnis vom Originalwerk zur Bearbeitung ergeben. Denn die Veränderungen, die ein Werk erfährt, das unter Zuhilfenahme des Zufallsgenerators entsteht, sind solche, die das Werk noch im Schaffensprozeß ergreifen, oder – um mit *Hirsch Ballin* zu sprechen – „gleichsam im status nascendi". Das Originalwerk, das also bearbeitet werden könnte, ist in keinem Zeitpunkt vor der „Zufallsbearbeitung" durch den Computer als Werk im Sinne des Urheberrechts vorhanden. Denn nach Sinn und Zweck der urheberrechtlichen Schutzvorschriften ist das Werk als vorhanden anzusehen, „sobald es in irgendeiner Weise so in die äußere Erscheinungswelt getreten ist, daß es von Dritten, unabhängig vom Willen seines Schöpfers, durch Wiedergabe genutzt werden kann[308]. Weder das Flußdiagramm noch das eigentliche Operationsprogramm aber dienen der Wiedergabe

---

[306] *Moser*, aaO. S. 643.
[307] Vgl. Anm. 292.
[307a] „Der elektronischen Musik auf der heutigen Entwicklungsstufe ist eine Partitur . . . fast unbekannt", vgl. *Knap*, aaO. S. 55 f. Ohne jede Einschränkung kann man wohl sagen, daß es für die elektronische Musik keine Realisationspartituren, allenfalls nachträglich gefertigte sog. Hörpartituren gibt.
[308] BGH-Beschluß vom 27. Febr. 1962 in GRUR 1962, 470.

des Werkes, sondern in erster Linie der *Hervorbringung* desselben[309]. Die Einbeziehung der Computer-Technik in den musikalisch-künstlerischen Schaffensvorgang selbst darf nicht übersehen oder zu gering erachtet werden, auch wenn dem Computer im Grunde nur handwerkliche Arbeiten anvertraut werden können. Jedenfalls ist die „persönliche geistige Schöpfung" als vollendetes Werk im Urheberrechtssinn erst nach Ablauf der sich im Inneren des Computers abspielenden Vorgänge vorhanden[310].

Noch deutlicher werden die aufgezeigten Zusammenhänge dann, wenn der Computer kein klangliches Gebilde, sondern eine *Partitur* erzeugt (vgl. Ausführungen oben, Anm. 274). Die Vorstellung, die der Komponist in einem solchen Falle von seinem Werk hat, reichen aus, um das Programm zu entwerfen, das dann unter Einschaltung des Zufallsgenerators die Partitur herstellt. Die so hervorgebrachte Partitur wäre auf keinen Fall als die Bearbeitung selbst anzuerkennen, sondern – in Fortführung der Gedanken *Samsons* – als die Bearbeitung in der Erscheinungsform der Partitur (vgl. Ausführungen oben, 2. Kap. A.I.1.b sowie Anm. 183). Diese wäre ihrer Funktion nach nun nichts anderes als die Partitur im herkömmlichen Sinn. Aber kann dieses Erzeugnis überhaupt – entsprechend dem Vorschlag *Samsons* – als die Partitur einer „Zufallsbearbeitung" im Rechtssinn anerkannt werden? Voraussetzung wäre – was den tatsächlichen Schaffensvorgang betrifft – daß sich die Vorstellung des Komponisten hinsichtlich der „Zufallsbearbeitung" von seiner Vorstellung betreffend das bearbeitete „Originalwerk" entsprechend unterscheidet. Das aber wird sie nicht, denn – bei *natürlicher Betrachtungsweise* – war es von Anfang an das Ziel des Komponisten, das Werk – und zwar *ein* Werk – mit Hilfe des Computers und unter Einschaltung des Zufallsgenerators zu schaffen. Seine Vorstellung war von Anfang an nicht etwa auf die Hervorbringung zweier Werke (Originalwerk und Bearbeitung) gerichtet, sondern auf die Komposition eines einzigen, nämlich des computer-erzeugten Stückes.

Daher müssen alle Stadien vor dem sog. „Computer-Output" als Vor-

---

309 So bereits *Moser*, aaO.

310 Ebenso *Knap*, aaO. S. 69: „Mit Rücksicht auf diesen Charakter des Schaffensprozesses kann man daher in der Regel erst die Fertigstellung der Tonaufnahme als eine objektive Ausdrucksform und damit auch ihren Zeitpunkt als den Zeitpunkt der Entstehung eines solchen Werkes betrachten."

stufen des erst jetzt vollendeten Werkes angesehen werden[311]. Nicht das Verhältnis von „Tonwerk (Partitur)" zur „Zufallsbearbeitung", sondern das zwischen „Entwurf" (im Sinne der *Vorstufe* des Werkes) und vollendetem Werk bestehende Verhältnis wird dem tatsächlichen Schaffensvorgang bei der Erzeugung von Computermusik gerecht. Erst der „Output" markiert die Vollendung des Schöpfungsvorgangs, allerdings unabhängig davon, ob eine Aufzeichnung stattfindet – also eine körperliche Festlegung erfolgt – oder nicht[312].

Der im Inneren des Menschen stattfindende Formgebungsprozeß wird nicht – wie es für die Werkentstehung notwendig wäre[313] – durch die Erstellung des Programms ausreichend konkretisiert[314]. Das betreffende geistige Gut ist insoweit nicht eigentlich mitteilbar, sondern erst *produzierbar* geworden. Wie aber bekanntlich selbst die ersten Werkstadien mit beginnender Konkretisierung des geistig ästhetischen Gehalts urheberrechtsschutzfähig sein können, kann auch das Programm (Operationsprogramm) als letztes Stadium vor der Vollendung des Werkes Urheberrechtsschutz genießen[315]. Auch sofern das Programm eine Partitur erzeugt, greift das üblicherweise zwischen dem vollendeten Werk und seinen Vorstufen bestehende Verhältnis ein, das heißt das Programm ist – Individualität vorausgesetzt – als Entwurf urheberrechtsschutzfähig[315a].

---

[311] Entspricht der Auffassung von *Knap*, aaO. S. 69, der von „einer Reihe sukzessiver Teiltonaufnahmen" spricht, die „mittels weiterer technischer Operationen und Mixagen" zu einem „vollendeten Werk" komponiert werden. *Knap* wird insoweit vor allem an die fast schon veralteten Bandmanipulationen bei der Herstellung elektronischer Musik gedacht haben; vgl. auch Anm. 310.

[312] Die Ausgabedaten des Computers können auch unmittelbar über Lautsprecher in Klang umgesetzt werden, ohne daß eine Aufzeichnung erfolgt.

[313] Vgl. *Hubmann*, Recht des schöpferischen Geistes, S. 28.

[314] So insbesondere bei phänomenologischer Betrachtung, die allerdings bereits das Programm als solches vom Urheberrechtsschutz ausschließt, vgl. Ausführungen unten III.3.b.

[315] Vgl. Anm. 297.

[315a] *Weissthanner*, II. Teil, III 4c bb hält den Schutz sowohl des Musikprogramms als auch des „outputs" grundsätzlich für möglich, lehnt aber den Werkcharakter des „outputs" schließlich mit der Begründung ab, daß zwischen Eingabe des Programms und der Ausgabe der Realisation keine individuelle Einflußnahme mehr vorliege. Jede Veränderung des Werkes, die keinen individuellen Beitrag enthalte, sei als Wiedergabe zu behandeln.

Diese Begründung kann m. E. nicht überzeugen, weil damit gerade – um mit

Schließlich kann auch der oben dargestellten Ansicht *Möhrings* nicht beigetreten werden. Indem *Möhring* eine bloße Kausalität zwischen Handlungen des Programmierers und dem computer-erzeugten Stück nicht für ausreichend hält, sondern auf die geistige Konzeption und die entsprechende Steuerung des Computers durch den Programmierer abstellt, gelangt zu dem bislang nicht bekannten Erfordernis der *Voraussehbarkeit* einer konkreten Gestaltung.

Die Voraussehbarkeit als Kriterium für die Rechtsentstehung bedeutet nicht allein im Hinblick auf Computer-Erzeugnisse eine m. E. nicht gerechtfertigte Beeinträchtigung der Schutzgewährung, sie wird nicht einmal den anerkannten Gegenständen urheberrechtlichen Schutzes gerecht. So würde die Ansicht *Möhrings* beispielsweise im Falle der Improvisation bereits zur Schutzlosigkeit führen, da diese ein Akt spontaner künstlerisch-schöpferischer Gestaltung ist. Das gilt insbesondere für die Gruppenimprovisation des Jazz, aber auch für den gesamten Bereich der sog. Entwurfsmusik einschließlich der sog. „intuitiven" Musik[316]. „Wenn man improvisiert, ist es unvermeidlich, daß man ein Risiko eingeht und die Ergebnisse nicht vorhersagen kann. Improvisieren fünf oder sechs Musiker gleichzeitig, so ist das Ergebnis noch stärker vom Zufall abhängig. Das ist sein Reiz[317]." Geistige Konzeption und schöpferische Gestaltung lassen sich hier nicht mehr in ein getrennt zu betrachtendes Verhältnis von Ursache und Wirkung bringen. Man wird vielmehr generell *unterstellen* müssen, daß ein Werk mit der geistigen Konzeption seines Urhebers übereinstimmt, unabhängig davon, ob der Schaffensvorgang dementsprechend gesteuert und sein Ergebnis vorausgesehen worden ist oder nicht. Wer wollte das auch mit einiger Sicherheit feststellen?

Die Auffassung *Möhrings* würde im übrigen dazu führen, die Verwendung des Computers auf die Fälle zu beschränken, in denen die Erstellung des Computerprogramms als ein an sich überflüssiger, mitunter aufwendiger

---

den Worten *Kummers* zu reden – „das Besondere und Eigentümliche" der vom Computer hinzugelieferten Aleatorik für unbeachtlich erklärt wird. Die Begründung *Weissthanners* wäre nur auf der Grundlage des überkommenen Individualitätsverständnisses haltbar, wonach die Individualität des Werkes allein aus der Individualität oder Persönlichkeit des Urhebers fließt. Versteht man dagegen die Individualität des Werkes im Sinne der *Kummerschen* statistischen Einmaligkeit, so kann es nicht zweifelhaft sein, daß die Realisation eines Musikprogramms im Vergleich zu diesem individuell beeinflußt und verändert ist.

[316] Vgl. Anm. 174; betroffen wäre auch die serielle Musik, vgl. dazu Anm. 241.

[317] *Copland*, S. 471.

Umweg zu bezeichnen wäre. Denn wo der Zufallsgenerator ausgeschaltet bleibt und der Computer lediglich dazu benutzt wird, den im Programm enthaltenen Text niederzuschreiben, kann das Werk in der Regel, möglicherweise sogar ohne Zeitverlust, auch manuell hergestellt werden.
Soweit sich *Möhring* zur Begründung seiner Ansicht darauf beruft, daß der Zufallsgenerator die Befehlsform des Programms ersetzt, sind seine Ausführungen zumindest mißverständlich. Zunächst ist im Anschluß an die obigen Darlegungen klarzustellen, daß auch bei der Einschaltung des Zufallsgenerators stets ein Programm in Befehlsform vorliegen muß. Auch das Programm, das beispielsweise eine statistische Verteilung von Tönen in bestimmten Bereichen erzeugen will und dies nur durch die Einschaltung des Zufallsgenerators erreichen kann, enthält selbstverständlich einen entsprechenden Befehl. Das sollte ganz klar gesehen werden.
Zufall in Bezug auf die Verwendung des Zufallsgenerators bedeutet, ungeachtet des Zwecks, zu dem Zufallselemente versammelt werden können, daß in dem Augenblick, wo das nächste Element ausgeworfen wird, nicht bekannt ist, welches es sein wird. Die vom Zufallsgenerator getroffene Entscheidung wird aber stets den Bedingungen des Programms genügen. Das Programm gibt seine Befehlsform insoweit nicht auf, als es darüber entscheidet, wann und in welchem Umfang Zufallsentscheidungen zu treffen sind. *Kaegi*, einer der führenden Wissenschaftler, der sich vor allem mit der elektronischen Musik im Zusammenhang mit der Verwendung des Computers eingehend beschäftigt, bezeichnet das Komponierprogramm als eine „Rechenoperation, bei der die Töne so durchnumeriert sind, daß jedem Ton eine bestimmte Zahl entspricht und die Regeln durch Beziehungen zwischen diesen Zahlen ausgedrückt werden können. Mit Hilfe des Zufallsgenerators ‚würfelt' der Computer Zahlen, die, falls sie den Bedingungen des Programms genügen, angenommen, andernfalls verworfen werden, worauf neu gewürfelt wird. Es ist nun klar, daß mit wachsender Anzahl der einwirkenden Regeln der Einfluß des Zufalls ab- und die Voraussehbarkeit des Resultats zunimmt und umgekehrt"[318].
Neben der Abhängigkeit aller insoweit getroffenen Zufallsentscheidungen vom Inhalt des Programms dürfte eine weitere, wesentliche Erkenntnis sein, daß der Komponist *absichtsvoll* vom Zufall Gebrauch macht, indem er sagt, ich gebe einen Wertebereich, lasse aber die Auswahl hinsichtlich

---

[318] *Kaegi*, aaO. S. 330.

der Menge oder Reihenfolge der Werte frei. Zu dieser Entscheidung kommt er auf Grund seiner künstlerischen Erfahrung. Die Verwendung des Zufalls ist also nicht etwa ein unkünstlerischer Einfall. Kein Nichtkünstler, keine Hausfrau beispielsweise, die eine Wohnung einzurichten hat, käme je auf die Idee, hierzu den Zufall zu benutzen. Einen Zufall *sinnvoll* einsetzen kann nur derjenige, der eine Erfahrung im Umgang mit dem Zufall hat. Und genau diese Erfahrung ist es, die der Komponist investiert, wenn er ein Programm schreibt, das den Zufallsgenerator des Computers zum Zuge kommen läßt. Seine Erfahrung gestattet es ihm, die Einzelelemente eines Stückes und deren Anordnung mehr oder weniger weitgehend dem Zufall überlassen und doch gleichzeitig eine *Gesamtvorstellung* von dem noch nicht produzierten Stück zu haben.

Es kann in diesem Zusammenhang auf die oben aufgezeigte Parallele zwischen der seriellen Musik und Zufallskompositionen verwiesen werden (vgl. Ausführungen oben, 2. Kap. B.I.3.). Der Zufall ist auch im Hinblick auf die Verwendung des Zufallsgenerators nur der etwas allgemeinere Fall des Seriellen.

Worauf es *Möhring* im übrigen anzukommen scheint, ist der für erforderlich gehaltene Ausdruck der Individualität des Urhebers im Werk[319]. Nun konnte allerdings schon bei der Darstellung des allgemeinen Musikwerkbegriffs ausgeführt werden, daß man sich bei der Ermittlung des notwendigen schöpferischen Eigentümlichkeitsgrades mit der Feststellung begnügt, daß ein anderer den selben Gegenstand möglicherweise anders behandelt hätte (vgl. Ausführungen oben, 2. Kap. A.I.1.a). Mehr wird man dann aber auch von einem computer-erzeugten Musikstück nicht verlangen können.

Soweit sich *Möhring* zur Begründung auf den Schutz des Urhebers in seinen geistigen und persönlichen Beziehungen zum Werk gemäß §§ 11 ff. UG beruft, sei entgegenet, daß der Inhalt des Urheberrechts dem Werkbegriff folgt, nicht umgekehrt. Sofern es etwa die *Kummersche* Auffassung zuläßt, daß die Beziehungen zwischen Urheber und Werk nicht mehr so intensiv ausgebildet sein müssen wie bisher – eine Ansicht, die dem zeitgenössischen Kunstschaffen in vielerlei Hinsicht entspricht – kann der Schutz der ideellen Interessen des Urhebers, wie er im Urheberrechtsgesetz seinen Niederschlag gefunden hat, nicht als Argument gegen eine solche Werkauffassung verwendet werden.

---

[319] Unmißverständlich insoweit auch in *Möhring-Nicolini*, § 2 Anm. 4.

III. Der Musik-Computer in der Darstellung Kummers

Da *Kummer* eine „mechanische" Individualität anerkennt (vgl. Ausführungen oben, 1. Kap. B.I.3.b.bb), stellt für ihn das „kybernetische Werk"[320] als solches kein Problem dar.
Die Trennungslinie, von der ab Urheberrechtsfragen überhaupt entstehen können, verläuft nach *Kummer* grundsätzlich zwischen den Automaten ohne und denselben mit Aleatorik.

1. Automaten ohne Aleatorik[321]

Automaten ohne Aleatorik stehen grundsätzlich außerhalb des in Betracht kommenden Urheberrechtsschutzes, da sie ihre mechanische Gesetzmäßigkeit nicht überwinden können und somit nicht in der Lage sind, Individuelles zu leisten (z. B. Rechenautomat oder Übersetzungsmaschine). Eine nur scheinbare Ausnahme ergibt sich dann, wenn der Automat mit willkürlichen Anweisungen gespeist wird, so etwa, wenn ein Text derweise in Musik umgesetzt wird, daß jedem Buchstaben ein bestimmter Ton zugeordnet wird. Die Umwandlung der Buchstaben in Töne durch den Automaten wird zwar zu einem individuellen Ergebnis führen, aber nicht deshalb, weil der Automat dem Erzeugnis Individualität verleihen könnte, sondern weil die Gesamtheit der Anweisungen, nach denen der Automat arbeiten muß, eine individuelle Tonfolge bewirkt[322]. Nicht um mechanische, sondern ursprünglich menschliche Individualität handelt es sich hier, um einen Fall also, der – um mit *Samson* zu sprechen – weder für die Praxis noch in der Theorie interessant ist. Nicht anders verhält es sich, wenn ein Automat durch willkürlichen Eingriff von außen in seinem Funktionsablauf gestört wird und lediglich infolgedessen individuelle Ergebnisse auswirft.

---

[320] Kybernetik bedeutet in diesem Zusammenhang die Mathematisierung der Informationsumwandlung und ihre technische Realisation. „Kybernetische Maschinen" sind demgemäß „informationsverarbeitende Automaten" oder „Informationsumwandler", also das, was im Rahmen der vorliegenden Arbeit unter dem Begriff des „Computers" verstanden wird. „Kybernetische Werke" sind schließlich Werke, die unter Zuhilfenahme „kybernetischer Maschinen" entstehen. Vgl. zum Begriff „Kybernetik" im übrigen *Fuchs*, S. 13 ff.

[321] *Kummer*, S. 176 ff.

[322] *Kummer*, S. 182.

2. Automaten mit Aleatorik[323]

Auch hier ist es zunächst denkbar, daß die Aleatorik überwiegend vom Autor stammt („Humanaleatorik")[324]. Sobald der Anteil an mechanistischer Aleatorik aber gesteigert werde, meint *Kummer*, sei kaum mehr zu erwarten, daß der Pogrammierer das „Gesicht" aller Varianten im voraus festgelegt habe. „So etwa bei der Komponiermaschine, die derweise angelegt ist, daß ihr eine Anzahl bestimmter Töne und rhythmischer Abläufe eingegeben wird und sie nun alle Möglichkeiten der Verkoppelung dieser Elemente durchzuexerzieren und vorzulegen hat"[325]. Ob hier bereits von „kybernetischen Werken" gesprochen werden kann, erscheint zweifelhaft. Denn wenn der Automat alle Möglichkeiten der Verkoppelung eingegebener Elemente hervorbringt, so ist das – ohne daß der Programmierer alle Varianten festgelegt zu haben braucht – nur der Vollzug einer Anweisung, nämlich x Möglichkeiten maximal zu verkoppeln[326].
Im folgenden Fall dagegen wird man mit *Kummer* davon ausgehen können, daß ein „kybernetisches Werk" vorliegt: dem Automaten wird eine große Menge von Elementen eingegeben, aus der er eine vergleichsweise kleine Teilmenge auswählt und zum „Werk" kombiniert. In dieser Auswahl und Reihung liegt der entscheidende Zufallseinfluß, wenngleich der „humanaleatorische" Beitrag nicht zu verkennen ist; dieser liegt allerdings lediglich in der willkürlichen Eingabe aller Einzelelemente und in der Bestimmung des Umfangs der vom Automaten herauszugreifenden Teilmenge.

---

[323] *Kummer*, S. 184 ff.; zur Aleatorik im musikalischen Bereich, insbesondere bei der elektronischen Musik vgl. *Meyer-Eppler*, S. 22 ff: „Aleatorisch nennt man Vorgänge, deren Verlauf im groben festliegt, im einzelnen aber vom Zufall abhängt. Rechnerisch können solche Vorgänge mit den Methoden der Statistik erfaßt werden. Musikalisch umfaßt das Gebiet des Aleatorischen alles, was nicht „in den Noten" steht."

[324] Eine entsprechende Kompositionsweise läßt der bei *Prieberg*, Musica ex machina, S. 98 erwähnte „Electronic Music synthesizer" aus dem RCA-Versuchslaboratorium in Princeton (USA) zu, auf den auch *Kummer* verweist.

[325] *Kummer*, S. 186.

[326] Es ist jedoch interessant, festzustellen, daß *Kummer* an dem Punkt die „mechanische" Individualität entstehen sieht, an dem *Möhring* mangels Voraussehbarkeit des Ergebnisses die Urheberrechtsschutzfähigkeit zu verneinen beginnt. – Allerdings erscheint es nicht gerechtfertigt, schon dann von „mechanischer" Individualität zu sprechen, wenn das Werk in allen Varianten nicht im voraus festgelegt ist. Das ist es bei der seriellen Musik auch nicht, vgl. Anm. 241, ohne daß dort von „mechanischer" Individualität gesprochen wird.

Auch diese hier kurz beschriebene Arbeitsweise entspricht der gewisser Musik-Computer[327].

Schließlich verweist *Kummer* auf den angeblichen Grenzfall „in der Richtung reinster Kybernetik", bei dem der Automat mit einer unbegrenzten, das heißt nicht „humanaleatorisch" ausgewählten Menge von Elementen gespeichert werde, die alsdann nach kybernetischer, also nach mechanistischer Aleatorik ausgewählt und zum „Werk" kombiniert werden. *Kummer* sieht darin einen Modellfall, dem der elektronische Musikapparat „in Form des *Oszillographen*" nahekomme[328].

Hierin kann *Kummer* nicht mehr gefolgt werden, denn einen elektronischen Musikapparat „in Form des Oszillographen" gibt es nicht. Insoweit muß richtig gestellt werden, daß es sich bei dem „Oszillographen" um ein reines Anzeigegerät handelt, das verwendet wird, um elektrische Schwingungsformen aufzuzeichnen. Von einem „Musikapparat" kann dabei wohl keine Rede sein. Sofern *Kummer* den Sinusoszillator gemeint haben sollte, so handelt es sich dabei zwar um ein aufwendiges Gerät, mit dem reine Töne und sogar Schwingungen erzeugt werden können, die über den hörbaren Frequenzbereich hinausgehen. Von einem „Musikapparat" aber, der gewissermaßen selbsttätig komponieren könnte, ist auch der Oszillator weit entfernt. Man wird ihn vielmehr unter die elektronischen Klangquellen einzureihen haben[329].

3. Rechtliche Beurteilung

a) Computer-Erzeugnisse

Da *Kummer* die Individualität kraft Auswahl zu einem durchgehenden urheberrechtlichen Prinzip erhoben hat, ist es konsequent, demjenigen das Urheberrecht an einer Melodie beispielsweise zuzuerkennen, der diese aus einer Vielzahl computer-erzeugter Melodien ausgewählt hat. Hier muß *Kummer* ausdrücklich zugestimmt werden. Komponieren ist Auswahl. Ob der Komponist unter fertigen Stücken wählt oder unter 12 verschiedenen Tönen, die er fortlaufend zu schreiben hat, macht prinzipiell keinen Unterschied, jedenfalls nicht für die urheberrechtliche Beurteilung[330].

---

[327] *Kummer*, S. 186 m. w. N.

[328] *Kummer*, S. 187.

[329] *Judd*, S. 23 ff. 27.

[330] Auch die „echten" Kunstwerke sind wohl in den seltensten Fällen genial im ersten Versuch entstanden. Die Skizzen *Beethovens* zum Thema des langsamen Satzes des Streichquartetts in Es-Dur, opus 127 beispielsweise zeigen,

Soweit das vom Computer Gelieferte unmittelbar als Komposition ausgegeben wird, ohne daß es also noch einer Auswahl durch den Komponisten bedarf, gehen die rechtlichen Überlegungen *Kummers* von der Feststellung aus, daß der Unterschied zwischen „Humanaleatorik" und „mechanistischer" Aleatorik auf Grund einer Betrachtung des Werkes allein nicht mehr zu erkennen sei. Wolle man nun die mechanistische Aleatorik vom Schutz ausschließen, so finde man kein sicheres Abgrenzungskriterium, das nicht gleichzeitig auch die humanaleatorischen Werke vom Schutze ausschließe, so daß davon weite Kreise des zeitgenössischen Kunstschaffens betroffen wären (z. B. Geräuschkulissen für Hörspiele oder Filme, die „op-art" usw.)[331].

Das Problem insoweit entsteht für *Kummer* wohl erst dadurch, daß er die „mechanische" Individualität bzw. die „mechanistische Aleatorik" bemüht. Daß deren Unterschied zur „Humanaleatorik" im Werk selbst nicht erkennbar ist, darf eher als ein Indiz dafür verstanden werden, daß es diesen Unterschied – jedenfalls bei computer-erzeugten Werken – tatsächlich nicht gibt. Die Differenzierung insoweit erscheint künstlich. Eine Werkauffassung, die auf der Individualität im Sinne der „statistischen Einmaligkeit" beruht, kommt ohne eine solche Differenzierung aus. Jedenfalls wird man ohne weitere Bedenken den so bezeichneten „mechanistisch-aleatorischen" Anteil an einem computer-erzeugten Musikwerk dem Komponisten zurechnen dürfen, ohne gegen irgendwelche urheberrechtlichen Grundsätze zu verstoßen, es sei denn man folgt der Auffassung *Möhrings* und hält jedes aleatorisch beeinflußte Musikwerk ohnedies für urheberrechtsschutzunfähig.

Die Fälle, in denen der Gebrauch des Zufalls bei mehrfacher Verwendung ein und desselben Programms zu beinahe identischen Stücken führt (vgl. Ausführungen oben C.I.2.), betreffen nun weniger die grundsätzliche Frage der Schutzfähigkeit von Computer-Erzeugnissen als vielmehr die Frage, was im einzelnen zu schützen ist. Den Vorschlag, nur noch ganzen Serien, das heißt den nach dem gleichen Programm erstellten Erzeugnissen Urheberrechtsschutz zuzubilligen, nicht aber jedem Einzelstück, hält

---

daß die betreffende Melodie ihrem Schöpfer nicht als glückliche Eingebung gleichsam in den Schoß gefallen ist; Versuche über 20 große Notenblätter haben *Beethoven* schließlich zu einem 16taktigen Thema geführt, vgl. *Zuckerkandl*, S. 123 f.

[331] *Kummer*, S. 190 m. w. N. Auch die serielle Musik u. a. wäre davon betroffen.

Kummer für unannehmbar[332]. Man würde gerade die vom Computer als das Besondere und Eigentümliche hinzugelieferte Aleatorik für unbeachtlich erklären, eine Konsequenz, die *Kummer* im Hinblick auf das von ihm vorgelegte Material an Computergraphik nicht ziehen zu müssen glaubt. Die Frage, was im Falle des Komponierautomaten zu gelten habe, hat *Kummer* mangels ausreichenden Tatsachenmaterials offen gelassen.
Gegen den Schutz der „Serie" im Falle gleichförmiger Musikprodukte ist m. E. nichts einzuwenden. Denn es geht in diesen Fällen nicht um die Beachtlichkeit oder Unbeachtlichkeit der vom Zufallsgenerator hinzugelieferten Aleatorik, sondern darum, ob diese im Vergleich aller Stücke einer „Serie" zu einer neuen Individualität geführt hat oder nicht. Man wird also in diesen Fällen, da die Gleichförmigkeit mehrerer Musikstücke auf der Benutzung ein und desselben Programms beruht, auf die von *Kummer* selbst vorgeschlagene „handgreifliche" Individualität zurückzukommen haben und gegebenenfalls feststellen, daß die lediglich „unterschwellige" Individualität aller der ersten Realisation nachfolgenden Stücke nicht ausreicht, um eine neue Individualität zu begründen. Wohl aber kann diese „unterschwellige" Individualität, die alle nachfolgenden Stücke einer „Serie" mit den zuerst hervorgebrachten teilen, den Schutz der „Serie" begründen. Dogmatisch wäre diese Lösung auch für *Kummer* akzeptabel, da nicht etwa die „unterschwellige" Individualität zum Schutz führt, sondern die *„gemeinsame"* Individualität, das heißt also die Individualität, die mehrere Erzeugnisse ein und desselben Urhebers auf Grund ein und desselben Programms empfangen haben.
Eine gewisse Parallele dieser Fälle zur sog. Entwurfsmusik kann insoweit festgestellt werden, als hier wie dort die Frage nach etwaiger Gewährleistung „identischer" Wiederholungen ein und derselben Komposition – um mit *Hirsch Ballin* zu sprechen – „müßig" ist[333]. Während die Inkongruenz der Erscheinungen bei der sog. Entwurfsmusik auf die Spielräume des Interpreten zurückzuführen ist, hat sie im Falle der computer-erzeugten Stücke ihre Ursache in der Funktion des Zufallsgenerators, der den Vollzug einer Anweisung, die das Programm verkörpert, sozusagen *interpretationsähnlich* beeinflußt. Versteht man die sich auf Grund der Einwir-

[332] *Kummer*, S. 196 f.
[333] *Hirsch Ballin*, aaO. S. 847, der unter Hinweis auf *Goslich* zitiert: „Der Hörer einer aleatorischen Musik darf das Bewußtsein haben, einer einmaligen Kunstproduktion beizuwohnen, die sich höchstens ähnlich, aber niemals mehr gleich wieder ereignen und darbieten wird."

kung des Zufallsgenerators ergebenden Veränderungen auch als interpretationsähnlich-bedingte Veränderungen, so dürfte damit ein weiterer Grund gegeben sein, nicht dem einzelnen Stück, sondern – unter den genannten Voraussetzungen – der „Serie“ Urheberrechtsschutz zu gewähren (vgl. betr. die Frage der Vereinbarkeit dieser Lösung mit dem geltenden Urheberrecht, Ausführungen unten, 4. Kap. B.).

b) Computer-Programm

In den bisherigen Ausführungen ist von der grundsätzlichen Urheberrechtsschutzfähigkeit des Computer-Programms ausgegangen worden. Die Frage im einzelnen zu erörtern, ob Computer-Programme überhaupt urheberrechtsschutzfähig oder patentschutzfähig sind, würde über den Rahmen der vorliegenden Arbeit hinausgehen. Die folgende Darstellung beschränkt sich daher im wesentlichen auf eine Gegenüberstellung der insoweit unterschiedlichen Standpunkte[334].
Die Auffassungen betreffend die urheberrechtliche Schutzfähigkeit von Computer-Programmen gehen weit auseinander. *Ulmer*, der auf die geistige Leistung desjenigen abstellt, der das Programm geschaffen hat, bejaht seine Schutzfähigkeit als Sprachwerk[335]. Entscheidend ist für ihn die individuelle geistige Arbeit, die sich im Programm manifestiert. Es genügt bereits die Individualität der Darstellung, die individuelle Gestaltung des Programms. Diese ist für ihn bereits dann bewiesen, wenn trotz gleicher Aufgabenstellung die Programme verschiedener Programmierer voneinander abweichen. Dabei kann *Ulmer* aber unmöglich an Programme zur Erzeugung von Kunstwerken gedacht haben.
Neben *Ulmer* haben sich in der Lehre vor allem *Köhler*[336], *Möhring*[337], *Moser*[338], *Samson*[339], *Skaupy*[340] und *Thurman*[341] für die Urheberrechtsschutz-

---

[334] Allerdings nur unter urheberrechtlichen, nicht patentrechtlichen Gesichtspunkten; vgl. dazu neuestens *Gert Kolle*, Der Rechtsschutz von Computerprogrammen aus nationaler und internationaler Sicht, GRUR 1973, 611 ff.; 1974, 7 ff.
[335] *Ulmer*, Urheberschutz wissenschaftlicher Werke, S. 13.
[336] *Köhler*, S. 57 ff.
[337] *Möhring* in GRUR 1967, 269 ff., 276.
[338] *Moser* in GRUR 1967, 639 ff., 641 f.
[339] *Samson* in UFITA, aaO. S. 139 ff.
[340] *Skaupy* in Der Betriebsberater 1967, 945 f.
[341] *Thurman* in GRUR Ausl. 1969, 207 ff.

fähigkeit des Programms ausgesprochen, darüberhinaus noch H. und O. *Axster*[342] und sehr zurückhaltend *Öhlschlegel*[343].
Möhring hat dabei im wesentlichen auf die Festlegung des Lösungsweges und die Ausarbeitung des Flußdiagramms abgestellt. Dieses enthalte in der Regel eine persönliche geistige Leistung, womit *Möhring* wie auch alle anderen Befürworter der Urheberrechtsschutzfähigkeit des Programms dessen Individualität zur maßgeblichen Schutzvoraussetzung erheben. M. E. wäre allerdings auf die Individualität des Operationsprogramms im oben genannten Sinne abzustellen, was allerdings keinen grundsätzlichen Einwand darstellen kann (vgl. Ausführungen oben C.II.2. sowie Anm. 302 und 303). Die Individualität des Programms wird nur dann verneint, „wenn der Inhalt und die Formgebung dieser Schriftwerke durch die Verhältnisse so unmittelbar vorgegeben sind, daß von verschiedenen Verfassern im wesentlichen das gleiche Schriftwerk zu erwarten ist und deshalb für ein eigenpersönliches Schaffen kein Spielraum bleibt"[344]. Diese Einschränkung dürfte für die unter Zuhilfenahme des Computers stattfindende Kunstproduktion kaum praktisch werden, denn nur bei einem Gegenstand, der als solcher nicht individuell ist, kann sich eine beinahe gleichlautende Beschreibung zwangsläufig ergeben (etwa bei der Programmierung einer Tonleiter).
Gegen den Urheberrechtsschutz für Programme haben sich in der Lehre vor allem *Troller* und *Kummer* ausgesprochen[345]. Die entgegengesetzten Standpunkte beruhen vor allem auf den bereits dargestellten unterschiedlichen Betrachtungsweisen. Die phänomenologische Betrachtungsweise *Trollers* verlangt, daß der geistige Gehalt eines Werkes dem Betrachter als *unmittelbare* Folge der sinnlichen Wahrnehmung erscheint. „Das unmittelbare Erscheinen des Geisteswerkes im aufnehmenden Geist, die untrennbare Einheit von aufnehmendem Akt und dem Entstehen der Vorstellung ist das Kennzeichen des besonderen Seins des Kunstwerks"[346]. Im Unterschied dazu wird das „Verstandeswerk" auf dem Umweg über die verstandesmäßige Überlegung erfaßt (vgl. Ausführungen oben, 1. Kap.

---

[342] H. *Axster* und O. *Axster* in Der Betriebsberater 1967, 606 ff.
[343] *Öhlschlegel* in GRUR 1965, 465 ff.
[344] *Möhring*, aaO. S. 276 unter Hinweis auf die Judikatur.
[345] *Troller*, Urheberrecht und Ontologie, S. 418; *Kummer*, S. 198 ff.
[346] *Troller*, aaO. S. 407 ff.

A.III.1.a). Folgerichtig stuft *Troller* das Computerprogramm nicht als Kunstwerk, sondern als Verstandeswerk ein.
Für *Kummer*, der bekanntlich – ohne die philosophischen Grundlagen der Trollerschen Lehre zu übernehmen – ebenfalls die phänomenologische Betrachtungsweise vertritt, enthält das Computer-Programm lediglich Anweisungen. „Das Programm bezweckt, den Computer so einzurichten, daß er ihm zugeführte Eingabedaten in bestimmter Weise verarbeitet und entsprechende Ausgabedaten liefert"[347]. „Seinem Inhalt nach besteht das Programm aus Anweisungen." Der Anweisungscharakter des Programms schließt nach *Kummer* den Urheberrechtsschutz sogar dann aus, wenn wie bei der „Vertonungsmaschine" die Anweisungen frei erfunden sind. Der Anweisungscharakter „ist eben absolute Sperre"[348].
Gegenüber Programmen zu wissenschaftlichen und technischen Zwecken führt *Kummer* als weiteres Argument an, daß diese jeder Zweckfreiheit entbehren, verweist aber insoweit auf die Möglichkeit, Rechtsschutz nach dem UWG zu erlangen[349].
Nur dem umgangssprachlich formulierten Programm gewährt *Kummer* urheberrechtlichen Schutz für den Wortlaut nach den üblichen Grundsätzen. Entsprechendes gilt für graphisch-schematische Darstellungen[350].
Sollen nun Programme zur Erzeugung von Kunstwerken schutzlos ausgehen – obgleich auch in sie mitunter nicht unerhebliches Kapital und Arbeit investiert werden – nur weil es die phänomenologische Betrachtungsweise verbietet? Hier müssen m. E. methodische Bedenken zurückstehen[351]. Die phänomenologische Betrachtungsweise vergibt sich nichts,

---

347 *Kummer*, S. 198.
348 *Kummer*, S. 202. Zwar berührt sich in Programmen zu künstlerischen Zwecken das Künstlerische mit dem Konstruktionell-Erfinderischen. Nie aber folgt ein solches Programm den rationell-praktischen Gesetzmäßigkeiten, die für Erfindungen nach dem PatG wesentlich sind. Das Programm ist – soweit es künstlerischen Zwecken dient – ebenso zweckfrei wie jede andere künstlerische Gestaltung. Es ist unter den gegebenen Umständen ein Ausfluß von Begriffsjurisprudenz, den Anweisungscharakter des Programms als „absolute Sperre" zu bezeichnen und damit das Programm zu künstlerischen Zwecken schutzlos ausgehen zu lassen.
349 *Kummer*, S. 202.
350 *Kummer*, S. 203.
351 Zum Vorwurf der Begriffsjurisprudenz vgl. Anm. 348. Auch *Heim* hat – wie dargestellt – die phänomenologische Betrachtungsweise verlassen, um die *Kum-*

wenn sie nicht nur den Computer-Erzeugnissen, sondern auch den Programmen Urheberrechtsschutz gewährt, zumal sie gerade dadurch besondere Berücksichtigung erfährt, daß entsprechend obigem Vorschlag im Programm lediglich die Vorstufen, im Erzeugnis aber das Werk selbst, das heißt das vollendete Werk geschützt wird. Für die phänomenologische Betrachtung ergibt sich insoweit kein Widerspruch. Widersprüchlich wäre es aber, dem Programm aus dogmatischen Gründen den Schutz zu versagen, nachdem die phänomenologische Methode der nominalistischen Betrachtungsweise gerade deswegen vorgezogen wurde, weil sie der Beurteilung der Urheberrechtsschutzfähigkeit von Produkten des zeitgenössischen Kunstschaffens am ehesten gerecht wird.

IV. Zusammenfassung

Die Verwendung des Computers zur Herstellung von Werken der Musik, insbesondere elektronischer Musik, steht der Urheberrechtsschutzfähigkeit solcher Werke selbst dann nicht entgegen, wenn diese unter Einschaltung des Zufallsgenerators zustandekommen.

Durch den Zufallsgenerator können sowohl Zufallsentscheidungen im Sinne einer Weichenstellung als auch statistische Verteilungen herbeigeführt werden. In beiden Fällen ist für den Komponisten zwar nicht voraussehbar, welche konkrete Entscheidung getroffen wird. Die mangelnde Voraussehbarkeit eines konkreten Resultats kann aber bereits aus grundsätzlichen Erwägungen keinen Einwand gegen die Schutzfähigkeit eines Erzeugnisses begründen. Das Gleiche gilt hinsichtlich der Verwendung des Zufalls schlechthin, da dieser auch in der Vermittlung durch den Zufallsgenerator einen lediglich allgemeineren Fall des Seriellen darstellt. Die Abhängigkeit jeder Zufallsentscheidung insoweit von den jeweiligen Bedingungen des Programms ist nicht zu verkennen. Schließlich ist die Benutzung des Zufalls als musikalisches Ausdrucksmittel durchaus künstlerisch und nur auf Grund von künstlerischer Erfahrung möglich.

Die persönliche geistige Leistung des Komponisten liegt zunächst in der Erstellung des Programms (Operationsprogramm). Dieses macht aber das vom Urheberrechtsschutz betroffene geistige Gut nicht mitteilbar, sondern erst produzierbar. Das Werk ist vor der Erzeugung durch den Computer

---

mersche Theorie seinem Vorschlag gemäß einzuschränken, vgl. Ausführungen oben, 1. Kap. B.II.1.a.

weder in der Vorstellung des Komponisten noch im Programm ausreichend konkretisiert. Der Computer-„Output" markiert die Vollendung des Schöpfungsvorgangs. Darin liegt nicht die Forderung einer verkörperten Gestaltung computer-erzeugter elektronischer Musik.
Aus den genannten Gründen kann das Erzeugnis als solches nicht als bloße Folge der persönlichen geistigen Leistung des Programmgestalters angesehen werden. Auch das Erzeugnis verkörpert unmittelbar die persönliche geistige Leistung des Komponisten (vergleichbar dem Filmwerk als Gesamtkunstwerk eigener Art).
Daneben wird die Urheberrechtsschutzfähigkeit des musikalischen Programms bejaht. Dieses ist der Partitur im herkömmlichen Sinne allerdings nicht vergleichbar. Während die Partitur der Wiedergabe eines *vorhandenen* Werkes im Wege der Interpretation dient, bezweckt das Computer-Programm erst dessen Schöpfung. Dem tatsächlichen Schaffensvorgang entspricht daher weniger das Verhältnis von Originalwerk zur Bearbeitung, sondern das zwischen den Vorstufen eines Werkes (= Programm) und dem vollendeten Werk (= Erzeugnis) bestehende Verhältnis. In beiden Fällen entscheidet die erforderliche Individualität über die Schutzfähigkeit.
Methodische Bedenken gegenüber der Schutzfähigkeit des Programms müssen zurückstehen. Die phänomenologische Betrachtungsweise ist dadurch gewahrt, daß nur dem computer-erzeugten Stück selbst als dem *vollendeten* Werk Urheberrechtsschutz zuteil wird.
Das Individualitätsverständnis nach *Kummer* ist die dogmatische Grundlage für die Anerkennung des Urheberrechtsschutzes „kybernetischer Werke". *Kummer* wird aber insoweit nicht gefolgt, als er den Schutz der „Serie" für systemwidrig hält. Denn es geht nicht um die Beachtlichkeit der vom Zufallsgenerator hinzugelieferten Aleatorik, sondern darum, ob diese im Vergleich aller Stücke einer „Serie" zu einer neuen Individualität geführt hat. Kann eine neue, handgreifliche Individualität nicht festgestellt werden, so muß den betreffenden Erzeugnissen ein und desselben Programms eine „*gemeinsame*" Individualität zugebilligt werden. Die „gemeinsame" Individualität als Werkeigenschaft setzt neben der Verwendung ein und desselben Programms dessen Benutzung durch ein und denselben Urheber voraus.

4. Kapitel: Die Interpretation des UG nach dem neuen Werkbegriff

Unter dem neuen Werkbegriff soll im folgenden nicht *Kummers* Werkbegriff schlechthin, sondern der im Anschluß an ihn vertretene Werkbegriff verstanden werden. Daß es sich dabei trotz der in Bezug auf die Präsentationstheorie erfolgten Einschränkung um einen neuen Werkbegriff handelt, ist offensichtlich[352]. Denn es wird verlangt, die Individualität des urheberrechtlich schützbaren Werkes im Sinne der „statistischen Einmaligkeit" zu definieren. Die entstehungsmäßige Verbindung des Werkes zum Menschen spielt keine Rolle mehr. Die Persönlichkeit des Urhebers ist für die individuelle Erscheinung des Werkes nicht mehr maßgeblich, sie hat gleichsam abgedankt.

Nachdem *Kummer* im Rahmen seiner Untersuchung zu dem Ergebnis gelangt ist, daß der Begriff der „eigenartigen Schöpfung" als Individualität im Sinne der „statistischen Einmaligkeit" verstanden werden kann, stellt sich die Frage, was für den Begriff der „persönlichen geistigen Schöpfung" gemäß § 2 Abs. 2 UG zu gelten hat.

---

[352] Vgl. *Troller*, Vorwort: „Kummers These, die verlangt, daß die eigenpersönliche Prägung des urheberrechtlich schützbaren Werkes durch die statistische Einmaligkeit zu ersetzen sei, zwingt zum Auswechseln der Fundamente des Urheberrechts."

A. Die Interpretation des § 2 Abs. 2 UG

Die Untersuchungen haben ergeben, daß § 2 Abs. 2 UG die Selbstverwirklichung des Urhebers im Werk nicht mehr verlangt. Ein Werk im Sinne des § 2 Abs. 2 UG muß nicht „den Stempel der Persönlichkeit" des Urhebers an sich tragen; es genügt, wenn sich sagen läßt, daß ein anderer den selben Gegenstand möglicherweise anders behandelt hätte (vgl. Ausführungen oben, 1. Kap. A.III.1.c). Dem entspricht die Forderung *Kummers*, die Individualität eines Werkes im Wege des Vergleichs mit anderen Gestaltungen zu ermitteln. „Individuell heißt einmalig, heißt anders sein"[353]. Die Feststellung der Individualität eines Werkes im Wege des Vergleichs stellt also ein im Hinblick auf § 2 Abs. 2 UG zulässiges Verfahren dar.

Dem entspricht auch eine inhaltliche Übereinstimmung, da nicht die „statistische Einmaligkeit" schlechthin über die Schutzgewährung entscheidet, allerdings nur bis zum dem Punkt, da die entstehungsmäßige Verbindung des Werkes zum Menschen nicht mehr für erforderlich gehalten wird. Denn der Begriff der „persönlichen geistigen Schöpfung" gemäß § 2 Abs. 2 UG kann von dem persönlichen, schöpferischen Geist des Menschen nicht getrennt werden[354]. Jede Auslegung, die die Individualität eines Werkes von der Individualität seines menschlichen Urhebers ablöst, wäre gesetzwidrig. Zumindest die *entstehungsmäßige* Verbindung des Werkes zum Menschen muß gewahrt sein. Zu diesem Ergebnis gelangen historische, objektive und theologische Interpretationsmethoden gleichermaßen[355].

I. Die Subsumtion von Computer-Erzeugnissen

Die Schwierigkeiten ergeben sich insbesondere bei der Beurteilung der Schutzfähigkeit von Werken, die unter Zuhilfenahme „komplizierter technischer Geräte" zustande gekommen sind. So wäre etwa – nach obiger Auslegung des § 2 Abs. 2 UG – die von einem „Apparat" hervorgebrachte „persönliche geistige Schöpfung" ein Widerspruch in sich. Es war aller-

[353] Vgl. Anm. 118.
[354] Vgl. *Hubmann*, Recht des schöpferischen Geistes, S. 11 ff.
[355] Zur Methode der Auslegung vgl. u. a. *Troller*, Prinzipien, S. 113 ff., 121.

dings darauf hinzuweisen, daß es eigentlich nicht um die Anerkennung des Automaten als Urheber geht, sondern um die Frage, in welchem Maße der Mensch sich außerhalb seiner Geistes- und Schaffenstätigkeit liegender Mittel – insbesondere also des Computers – bedienen darf, um noch selbst als der „Schöpfer" des Werkes gelten zu können.

Es darf als wesentliches Ergebnis obiger Ausführungen festgehalten werden, daß selbst die weitestgehende Ausnutzung kybernetischer Aleatorik die *entstehungsmäßige* Verbindung des Werkes zum Menschen nicht aufzuheben vermag. Das computer-erzeugte Kunstwerk ist stets abhängig von den Bedingungen des Programms. Selbst die Auffassung, wonach das Erzeugnis nur als Folge der persönlichen geistigen Leistung des Programmierers denkbar sei (vgl. Ausführungen oben, 3. Kap. C.II.1.), führt nicht dazu, die entstehungsmäßige Verbindung des Werkes zum Menschen zu leugnen; die Ursächlichkeit der geistigen Leistung des betreffenden Programmgestalters für die Hervorbringung des Computerstückes wird im Gegenteil bestätigt. Es ist lediglich eine Frage der rechtlichen Würdigung und der Betrachtungsweise, ob man die Ursächlichkeit insoweit für die Qualifizierung des Erzeugnisses als Kunstwerk im Sinne des Urheberrechts ausreichen läßt oder nicht. Der erforderliche geistige Gehalt des Computer-Erzeugnisses, das heißt also die geistige Verbindung und Beziehung des Urhebers zu der Entstehung des Werkes, werden davon nicht betroffen. Daher muß grundsätzlich jedes unter Zuhilfenahme des Computers entstandene Kunstwerk als eine „persönliche geistige Schöpfung" gemäß § 2 Abs. 2 UG anerkannt werden.

Oder anders ausgedrückt: der Begriff der persönlichen geistigen Schöpfung kann zwar nicht von der Individualität des Menschen als Urheber getrennt werden, es genügt aber insoweit – wie dargelegt – die entstehungsmäßige Verbindung des Werkes zum Menschen, die bei Computer-Erzeugnissen grundsätzlich gewahrt ist.

II. Keine „persönlichen geistigen Schöpfungen": „objets trouvés"

„Objets trouvés" dagegen (vgl. Ausführungen oben, 1. Kap. B.I.3.b.bb und 4.), das heißt also die in der Natur vorgefundenen Formen, können mangels *tatsächlich*-entstehungsmäßiger Verbindung zum Menschen nicht als „persönliche geistige Schöpfungen" gemäß § 2 Abs. 2 UG definiert werden. Sie bleiben vorerst Gemeingut (vgl. Ausführungen oben, 1. Kap.

A.III.1.b). Eine *rechtlich*-entstehungsmäßige Verbindung mag zwar in dem Auffinden, der Präsentation und – wenn man so will – auch in der Identifikation liegen, da insoweit jedes Objekt erst durch menschliches Dazutun zum Werk im Urheberrechtssinn erhoben wird (konstitutive Wirkung der Präsentation bzw. Identifikation, vgl. Ausführungen oben, 1. Kap. B.I.4.). Diesen Thesen konnte allerdings – wie dargelegt – nicht gefolgt werden. Die *rechtlich*-entstehungsmäßige Verbindung des Werkes zum Menschen genügt im Hinblick auf § 2 Abs. 2 UG nicht.
Ob man nun infolge der Unvereinbarkeit der „objets trouvés" mit dem Begriff der persönlichen geistigen Schöpfung entsprechend dem Ergebnis obiger Untersuchung eine Gesetzesänderung verlangen soll, ist eine Frage, die nicht einfach deswegen bejaht werden muß, weil es konsequent wäre (vgl. dazu Ausführungen oben, 1. Kap. B.II.1.a am Ende). Es gibt im Vergleich der Bedeutung der „objets trouvés" für das zeitgenössische Kunstschaffen gewichtigere Gründe, den dem traditionellen Kunstschaffen verpflichteten Begriff der persönlichen geistigen Schöpfung durch eine andere Formulierung zu ersetzen. Einer dieser Gründe ist die Erkenntnis, daß im Grunde nur die Individualität als Kriterium für die Gewährung von Urheberrechtsschutz geeignet ist[356]. Warum sollte das nicht im Gesetz selbst zum Ausdruck kommen? Der Schutz der sog. „Kleinen Münze" (vgl. Ausführungen oben, 1. Kap. A.I.) ist kein Hindernis, da auf der Grundlage der neuen Werkauffassung deren Schutz gewährleistet ist, sofern es sich nur um individuelle Erzeugnisse handelt. Gegenwärtig steht der Urheberrechtsschutz der sog. „Kleinen Münze" ohnedies auf dogmatisch schwachen Füßen[357]. Daß schließlich auch „objets trouvés" vom Schutz nicht ausgeschlossen werden können, sollte im Falle der Gesetzesänderung konsequenterweise mit berücksichtigt werden.

---

[356] Vgl. zur Kritik des Begriffs *Hubmann*, S. 84; *Schmieder* in GRUR 1968, 81.

[357] Vgl. *Samson*, S. 12 ff.; *Kummer*, S. 168: „Die Praxis pflegt (bei der sog. „Kleinen Münze", Anm. des Verf.) kleinste Anforderungen zu stellen, weil eben das Schutzbedürfnis unbestreitbar ist. Aber damit steht in keinem Einklang mehr die Werkdefinition, die von ‚eigenpersönlicher Schöpfung' und dergleichen spricht."

B. Der neue Musikwerk-Begriff und § 2 Abs. 1 Ziff. 2 UG

Jede individuelle Gestaltung akustischer Erscheinungen kann als ein Musikwerk im Urheberrechtssinn verstanden werden. Was die Individualität betrifft, gilt hier das Gleiche, was bereits im Rahmen des allgemeinen Werkbegriffs auszuführen war.

Das Problem, wie es sich bei der bildenden Kunst im Hinblick auf die sog. „objets trouvés" ergeben hat, stellt sich bei den Musikwerken nicht. Zwar gibt es auch hier von der Natur vorgegebenes Material, beispielsweise Geräusche, die musikalisch gestaltet werden können. Die Natur liefert dem Komponisten aber keine Formen, keine fertigen Gebilde, die als solche individuell wären und als Werke der Musik ausgegeben werden könnten (vgl. Ausführungen oben, 2. Kap. A.I.1.a).

Die Ausführungen im zweiten Kapitel haben lediglich in Bezug auf die Interpretation mit Werkcharakter zu einem Ergebnis geführt, das scheinbar in Widerspruch zum geltenden Recht steht. Tatsächlich ist die Interpretation insoweit aber durchaus mit der gesetzlichen Systematik vereinbar. Unabhängig von seinem Leistungsschutz aus §§ 73 ff. UG kann der ausübende Künstler – etwa bei Erfüllung der Voraussetzungen des § 3 UG – ein echter Bearbeiter mit einem echten Bearbeitungsurheberrecht sein[358]. Entsprechendes muß für die Schöpfung eines selbständigen Originalwerkes durch die Interpreten gelten. Wo die Vorlage – wie etwa im Falle der Entwurfsmusik – nur die Anregung zu einer eigenen Gestaltung darstellt, wird die Hervorbringung einer „persönlichen geistigen Schöpfung" im Sinne des § 2 Abs. 2 UG durch den Interpreten jedenfalls nicht verhindert.

Daß schließlich auch computer-erzeugte Werke elektronischer Musik als persönliche geistige Schöpfungen gemäß § 2 Abs. 2 UG anzusprechen sind, ergibt sich bereits aus den allgemeinen Darlegungen. Lediglich der befürwortete Schutz der „Serie" stößt auf Bedenken. Denn die notwendige Einheitlichkeit der Formgestaltung setzt ein einheitliches, zusammengehöriges Werk voraus (vgl. Ausführungen oben, 1. Kap. A.II.2.), das nicht getrennt verwertbar ist. Einer Vielzahl einzelner Werke kann danach

---

[358] Vgl. v. *Gamm*, § 73 Rdz. 4 am Ende m. w. N.

grundsätzlich kein einheitliches, alle getrennten Werke umfassendes Urheberrecht zuerkannt werden.
Im Falle verschiedener, auf Grund ein und desselben Programms durch ein und denselben Urheber erzeugter Stücke hat man es aber gerade nicht mit einer Vielzahl einzelner Werke im Sinne des Urheberrechts zu tun, weil den betreffenden Werken die notwendige Individualität im Vergleich untereinander fehlt. Die Konstruktion einer „gemeinsamen" Individualität erlaubt es, den einzelnen Stücken im Rahmen des Ganzen doch Schutz zu gewähren. Unter der Voraussetzung, daß auch die Verwertung aller Stücke einer „Serie" nur im Ganzen erfolgt, braucht der oben genannte Grundsatz also nicht aufgegeben zu werden. Der Schutz der „Serie" ist also mit dem geltenden Urheberrecht vereinbar.
Für das musikalische Urheberrecht gelangt die Untersuchung also zu dem Ergebnis, daß das geltende Recht ausreichenden Schutz gewährleistet. Voraussetzung ist lediglich die oben bejahte extensive Auslegung des § 2 Abs. 2 UG sowie die Nichtberücksichtigung aller willkürlichen Schutzvoraussetzungen wie Voraussehbarkeit, willentliche Betätigung usw., die ohnehin keine Stütze im Gesetz finden; sie gehören jedenfalls nicht zum Werkbegriff im Urheberrechtssinn.
Im übrigen bleiben auch die Rechte des ausübenden Künstlers gemäß §§ 73 ff. UG unberührt.

C. Auswirkungen auf sonstige Vorschriften des UG

I. §§ 7, 8 UG (Urheber- und Miturheberschaft)

Gemäß § 7 UG ist Urheber der Schöpfer des Werkes. Das Urheberrecht entsteht also zugusten desjenigen, der das betreffende Werk geschaffen hat.

Soweit eine entstehungsmäßige Verbindung des Werkes zum Menschen als Urheber nicht mehr gegeben ist, kann derjenige, der das Urheberrecht an einem solchen „Werk" beansprucht, nicht als „Schöpfer des Werkes" angesehen werden. Denn ebenso wie der Begriff der persönlichen geistigen Schöpfung gemäß § 2 Abs. 2 UG als Mindestvoraussetzung die entstehungsmäßige Verbindung des Werkes zum Menschen verlangt, kann als „Schöpfer des Werkes" nicht gelten, wer mit dem „Werk" nicht einmal entstehungsmäßig im Sinne äquivalenter Verursachung verbunden ist. Eine andere Auslegung würde den Begriff des Werkschöpfers ad absurdum führen. Lediglich *de lege ferenda* ist zu erwägen, gegebenfalls im Wege der Fiktion auch denjenigen als Schöpfer gelten zu lassen, der sich in einer urheberrechtlich relevanten Weise mit einem Werk in Verbindung bringt, mit dem er entstehungsmäßig tatsächlich nicht verbunden ist.

Auch unter dem Gesichtspunkt der für ausreichend gehaltenen äquivalenten Verursachung ist die Anwendbarkeit des § 7 UG fraglich. Grundsätzlich wird – wie dargelegt – von mehreren Personen zugleich behauptet werden können, daß sie in diesem Sinne ursächlich für die Hervorbringung eines Werkes geworden sind und demgemäß Anspruch auf die Urheberschaft haben (vgl. Ausführungen oben, 1. Kap. B.II.3.). Auch nach rein logischen Gesichtspunkten ist stets nur die Gesamtheit aller Bedingungen für den Eintritt eines Erfolges ursächlich. Soll es also auf der Grundlage des neuen Werkbegriffes keine Alleinurheberschaft mehr geben? Die Frage stellen heißt sie verneinen. Im Rahmen des § 7 UG wird – da es letztlich um die Urheberschaft an einem geistigen Gut geht – nur derjenige Anspruch auf die Urheberschaft erheben können, der nicht nur äquivalent kausal für die Hervorbringung des Werkes gewesen ist, sondern darüberhinaus auch eine gewisse geistige Verbindung zu der Entstehung des Werkes besitzt. Ein Verursacher wird dem Werk immer

am nächsten stehen. Im Falle des computer-erzeugten Werkes wird man davon ausgehen können, daß derjenige Werkschöpfer ist, der das Programm gestaltet hat. Damit scheiden trotz des erheblich weiteren Schaffensbegriffes alle Tätigkeiten aus, die als technische Hilfeleistungen oder dergleichen zu betrachten sind[358a]. Am gegenwärtigen Rechtszustand ändert sich insoweit nichts[359].
Die gleichen Gesichtspunkte sind für die Beurteilung der Miturheberschaft gemäß § 8 UG maßgebend.

II. §§ 11 ff. UG (Vorschriften betreffend den Inhalt des Urheberrechts)

Die geringeren Anforderungen, die an die Schutzfähigkeit im Rahmen des § 2 Abs. 2 UG zu stellen sind, sind für den Umfang des Urheberrechts bzw. seinen Inhalt ohne Belang. Wenngleich die zunehmende Entpersönlichung auf den verschiedensten Gebieten der modernen Kunst charakteristisch ist, kann von da her nicht auf ein etwa geringer werdendes persönliches, ideelles Interesse des Urhebers an seinen Geistesgütern geschlossen werden. Es wäre durch nichts gerechtfertigt, ein Urheberrecht „zweiter Klasse" etwa für solche Werke zu propagieren, die nicht mehr im herkömmlichen Sinne Ausfluß der Persönlichkeit ihrer Urheber sind.

III. §§ 28 ff. UG (Vorschriften betreffend den Rechtsverkehr im Urheberrecht)

Entsprechendes gilt für die Vorschiften der §§ 28 ff. UG betreffend den Rechtsverkehr im Urheberrecht.
Wenn *Heim* beispielsweise im Hinblick auf die Bestimmung über die urheberrechtlichen Verfügungen – nach deutschem Urheberrecht also § 29 UG – die wenigstens dogmatische Anerkennung der Übertragbarkeit der Befugnisse verlangt[360], so sei darauf erwidert, daß die Regelung des § 29

[358a] Zur Rechtsstellung des Technikers vgl. *Knap*, aaO. S. 57 f., 71 f., der eine Miturheberschaft des Technikers zu Recht grundsätzlich verneint. Vgl. dazu auch *Weissthanner*, II. Teil, III 3 f.

[359] Vgl. *v. Gamm*, § 7 Rdz. 6, § 8 Rdz. 7 zu technischen Hilfeleistungen und andere nicht schöpferische Tätigkeiten.

[360] *Heim*, S. 69: „Hat die Beziehung zwischen Urheber und Werk nachgelassen,

Satz 2 UG (Ausschluß der Vollrechtsübertragung unter Lebenden) nicht allein eine Folge der anerkannten persönlichen, ideellen Interessen des Urhebers an seinen Werken ist, sondern eine Notwendigkeit, die sich aus der Anerkennung der umfasssenden, einheitlichen Rechtsnatur des Urheberrechts durch §§ 1, 11 UG gegenüber der vormals vertretenen dualistischen bzw. pluralistischen Theorie ergab[361]. Die mehr oder weniger engen Beziehungen des Urhebers zu seinem Werk waren insoweit nicht ausschlaggebend.

---

so wird auch für ‚unerbittliche' Verfechter der Unübertragbarkeit die Abtretbarkeit eher möglich."

[361] Vgl. dazu *Samson*, S. 39 ff.; *Fromm-Nordemann*, Vorbemerkung zu § 28; *v. Gamm*, Einf.Rdz. 24 bis 29; *Bappert*, S. 301 ff.

D. Schlußbemerkung

Das Urheberrecht hat sich angesichts der Gegenwartskunst auf die einfachsten Begriffe zurückzuziehen, damit keine „ungerechte" Auswahl getroffen und die Grenzen zwischen geschütztem Werk und ungeschütztem Gebilde nicht willkürlich gezogen werden. Die Individualität als Werkeigenschaft ist kein einfacher Begriff mehr, wenn darunter der Ausdruck der Persönlichkeit des Urhebers im Werk verstanden wird, denn die Grenzen zwischen Geist und Ding sind vom Standpunkt des schöpferischen Künstlers aus unsicher geworden. Das Urheberrecht kann sich unter den gegebenen Umständen nicht damit begnügen, überkommene Kunstanschauungen zu behüten, zumal das Urheberrechtsgesetz mit der neuen Werkauffassung, wie sie sich nach *Kummer* anbietet bzw. wie sie im Anschluß an ihn vertreten werden kann, weitgehend vereinbar ist. Die Individualität im Sinne der „statistischen Einmaligkeit" ermöglicht die Einbeziehung des zeitgenössischen Kunstschaffens in den urheberrechtlichen Schutz, ohne daß es hierzu – von den genannten Ausnahmen abgesehen – einer Gesetzesänderung bedarf. Es ist lediglich eine Frage der Auslegung des Gesetzes, zu der Rechtsprechung und Lehre gerade im Falle des Urheberrechtsgesetzes berufen sind.

FSC
www.fsc.org
MIX
Papier | Fördert
gute Waldnutzung
FSC® C083411

Kolibri 360 GmbH
Ferdinand-Jühlke-Straße 7
99095 Erfurt, Deutschland
produktsicherheit@kolibri360.de